ERNST BARLACH
DRAMEN

Die Gute Zeit

SERIE PIPER
Band 773

Zu diesem Buch

»Gute Zeit« kann nur anbrechen, wo Verantwortung für die Zukunft ist. »Die da nach uns – durch uns – kommen – wie stehen wir vor denen da?« fragte Barlach in einem Zeitschriften-Text zur ›Guten Zeit‹ 1930. Er zeigt eine Gesellschaft, deren Religion das Geld ist: »Gute Zeit« ist für sie das immerwährende süße Leben, schmerzlos, kinderlos, ohne Verantwortung und Leid. Ihr stellt er die Passion einer Frau entgegen, die sich für eine reifere Wirklichkeit opfert.

Zum erstenmal seit 1929 erscheint Barlachs Drama ›Die Gute Zeit‹ wieder als Einzelausgabe, Teil der achtbändigen Taschenbuchausgabe des dramatischen Gesamtwerks zu Barlachs 50. Todestag. Der Text entspricht der Erstausgabe im Paul Cassirer Verlag, Berlin, 1929. Nur Druckfehler wurden korrigiert.

Ernst Barlach, geboren am 2. Januar 1870 als Sohn eines Landarztes in Wedel bei Hamburg, wuchs in Schönberg bei Lübeck und in Ratzeburg auf, studierte in Hamburg, Dresden, Paris, lebte in Friedrichroda, Wedel, Berlin und 1910–38 in Güstrow, liegt in Ratzeburg begraben. Er starb am 24. Oktober 1938 in Rostock, weltberühmt, in seiner Heimat geächtet. Mit der »Aktion Entartete Kunst« wurden 1937 an die vierhundert Barlach-Werke, Plastiken und Zeichnungen, beschlagnahmt und zerstört oder gegen Devisen verkauft. Die Aufführung seiner Dramen war verboten. Sein dichterisches Werk ist noch wenig bekannt.
Helmar Harald Fischer, geboren 1940 in Magdeburg, Autor und Übersetzer in Köln, 1968–79 Chefdramaturg und Stellvertreter des Intendanten in Aachen, Braunschweig und Wiesbaden, 1979–85 Lektor im S. Fischer Verlag, betreute als verantwortlicher Dramaturg des Theaterverlags das dramatische Werk Ernst Barlachs.

ERNST BARLACH
DRAMEN

Die Gute Zeit

Mit 13 Zeichnungen von Ernst Barlach

Herausgegeben und mit einem Vorwort von
Helmar Harald Fischer

Piper
München Zürich

Erscheinungsfolge der Ausgabe:

Die Sündflut, Juli 1987
Der Arme Vetter, Juli 1987
Die Gute Zeit, September 1987
Die Echten Sedemunds, Oktober 1987
Der Blaue Boll, Januar 1988
Der Tote Tag, Mai 1988
Der Findling, September 1988
Der Graf von Ratzeburg, Oktober 1988

ISBN 3-492-10773-7
September 1987
© R. Piper GmbH & Co. KG, München 1987
Aufführungs- und Senderechte:
PROJEKT Theater & Medien Verlag, Köln
Umschlag: Federico Luci,
unter Verwendung eines Motivs
von Frieder Grindler
Gesamtherstellung: Clausen & Bosse, Leck
Printed in Germany

Inhalt

Vorwort 7

Die Gute Zeit 13
   Akt I 15
   Akt II 25
   Akt III 37
   Akt IV 51
   Akt V 59
   Akt VI 67
   Akt VII 81
   Akt VIII 85
   Akt IX 92
   Akt X 94

Titel und Nachweise der Zeichnungen 107

Vorwort

Bis heute ist *Die Gute Zeit* nach ihrer Uraufführung am 28. November 1929 am Reußischen Theater in Gera nicht wieder inszeniert worden. Heinrich VL., Erbprinz Reuß, brachte Barlachs anspruchsvolles Stück sofort nach Erscheinen der Buchausgabe auf die Bühne, obwohl sein Theater von der Schließung bedroht war und nur die öffentliche Hand noch helfen konnte.

Die Premiere fand nach üblen Auseinandersetzungen Barlachs mit dem Stahlhelmbund statt, die dazu geführt hatten, daß seine Bewerbung um ein Ehrenmal in Malchin vereitelt wurde. Adolf Bartels' Veröffentlichung *Jüdische Herkunft und Literaturwissenschaft,* die schon 1926 den Verdacht säte, Barlach müsse wohl Jude sein, erntete nun die willkommene Diffamierung. Mit der *Guten Zeit* war Barlach selbst »auf schwerste Befremdung gefaßt«. Anerkennend spricht er »von dem sehr aufgeklärten Theaterprinzen in Gera«: »Ich hatte ihn gewarnt, die Sache ist für ihn heikel, denn ich höre hinterher, daß in der Seitenlinie Degenerationserscheinungen vorkommen.«

»Gestrige Premiere großer, anhaltender Erfolg. Tiefe Ergriffenheit. In Freude und Dankbarkeit: Erbprinz Reuß« wurde Barlach telegraphiert. Das Publikum in Gera hatte minutenlang stehend Applaus gespendet, die angereiste Berliner Kritik würdigte die Leistung des Theaters, bestätigte aber auch Barlachs Befürchtung. Wie selbst Herbert Ihering sich irren konnte, belegt zumindest jener Passus seiner Rezension der *Guten Zeit*, in dem er meint, man könne mit den in Berlin nicht aufgeführten Barlach-Dramen »keine Geschäfte machen«. Ein Jahr später wird, vier Jahre nach der Uraufführung in Stuttgart, *Der Blaue Boll* in Berlin Barlachs größter Theatererfolg.

Szenenfotos der *Guten Zeit* in Gera belegen, daß man Barlachs Zeichnungen produktiv weiterentwickelte, Kulissenzauber verschmähte, nicht auf realistische Beglaubigung des Textes aus war. Eine Terrassenanordnung im Bauhausstil mit freien Treppen und Balustraden gegen Weite und Helle des Bühnenraums annoncierte die »Insel der Seligen«, Szenen im Gebirg spielten auf der Jeßnerschen Treppe. Doch andererseits steckte Regisseur Martin Gien den angehimmelten Guru »Atlas« in die Maske des Modephilosophen Hermann Graf Keyserling und verlieh der dekadenten Lustgemeinschaft dadurch eine kleinliche Pseudoidentität.

Die Gute Zeit ist nahezu unbekannt. Seit mehr als einem halben Jahrhundert wurde das Stück in keinem Feuilleton behandelt, weil es keine Aufführung zu besprechen gab. Es ist die Ausnahme, wenn jemandem am Theater das Stück gegenwärtig ist. Diese Taschenbuchausgabe soll lesen helfen. Was vermögen Barlachs zehn Akte, die in Gera auf vier verkürzt waren, heute zu vermitteln?

Eine Inszenierung der *Guten Zeit* könnte aus der historischen Distanz zu Barlachs Text die disharmonischen zehn Stationen heute mit schärferen szenischen Mitteln formulieren. Durch Heraustreiben der Gegensätze von Lebenshaltung und Sprache wäre die Wirkung des Theaterabends in der radikalen Unvereinbarkeit der gegeneinandergestellten Welten zu suchen.

Die Welt der »Absoluten Versicherung« und ihr verantwortungsloser Hedonismus dürfte uns heute um so vertrauter sein, je ferner uns die mythische Bergwelt liegt und je verständnisloser wir Celestines Kreuzestod gegenüberstehen. Daß, in Barlachs Worten, *Die Gute Zeit* »schwer gearbeitet und wiederholt verworfen, halbiert und im Ton des Ganzen umgestimmt« ist, erklärt den Entstehungsprozeß und deutet auf ein den ursprünglichen Absichten des Autors zuwiderlaufendes Ergebnis hin; diese Äußerung sollte aber nicht immer wieder gegen das Ergebnis verwendet werden. Wie so oft, ist Barlach auch in diesem Falle gegen seine eilfertige Selbstkritik in Schutz zu nehmen. Fiel das Ergebnis seiner Arbeit auch anders aus, als er gewollt hatte, könnte es dennoch um so überzeugender für uns sein, weil es unauflösliche Widersprüche stehen läßt und nicht in Scheinlösungen aufhebt.

Celestines Opfertod ist es, der Schwierigkeiten bereitet, vor allem, weil es nicht ein Tod für »Greenpeace« ist, sondern ein Tod am Kreuz: »Sein Fuß ruht auf der dunklen Erde und seine Spitze rührt an das unzählige Gewimmel der Sterne... Und wißt, es ist ein Wort in Gestalt eines Kreuzes, das vor meinen Augen steht.« Die kosmische Dimension, die der Entscheidung eines einzelnen Menschen hier zugemessen ist, befremdet um so gründlicher, je mehr wir unsere Existenz im Datenumriß des elektronischen Speichers definiert finden. Dennoch bleibt für jeden einzelnen Menschen sein Tod der Tod der Welt. Und die Welt ist, mit Wittgenstein zu reden, alles, was – für ihn – der Fall ist. Die Welt sieht so aus, wie er sich zu ihr verhält. In Sibylles Worten: »Ist uns wohl, so behagen wir uns in der guten Zeit, ist uns übel, so mißfallen wir uns in der bösen. Die Zeiten sind in uns und nicht wir in ihnen.« Für Celestine heißt das: »Ich trotze der Furcht, in mir ist gute Zeit und gute Zeit leidet nicht Furcht.«

Barlach hatte in der Auseinandersetzung um seine *Sündflut* geschrieben: »Wir haben also so viele Götter wie es Gottsucher gibt.« Fünf Jahre später bringt er in diesem letzten Stück, das er veröffentlicht hat, zum Ausdruck, daß es so viele Welten gibt, wie es Menschen gibt. »Gute Zeit« für alle ist dann, wenn das Wollen der einzelnen statt zu einer schlechten sich zu einer guten Zeit summiert. Da für Barlach Gut und Böse gleichen Ursprungs sind, Gott und Satan eines Keims und, wie es im *Boll* heißt, »Leiden und Kämpfen die Organe des Werdens«, verkünden Syros' letzte Sätze keine pragmatische Existenzphilosophie: »Es ist meine eigene gute Zeit und von solcher Beschaffenheit, daß sie in mir wie das Kind in der Mutter von mir selbst zubereitet ist.« Aber eine Summe Barlachscher Welterfahrung wird gezogen: Keine Religion und keine soziale Ideologie ist imstande, eine »Gute Zeit« heraufzuführen. Der einzige gemeinsame Nenner menschlicher Selbstbestimmung ist für Barlach die Verantwortung des einzelnen für die Welt. »Setzt euch in Übereinstimmung mit euch selbst«, schreibt er 1930 in der *Selbstanzeige: Die Gute Zeit*, »schafft in euch Wissen vom Wohlverhalten vor dem eigenen Urteil – und ihr habt die gute Zeit.« Celestine stirbt, damit die schlechte Wirklichkeit nicht in ihr groß wird – mit ihr das syphilitische Kind, das auszutragen sie aus Staatsraison gezwungen werden soll, und insofern stirbt Celestine stellvertretend für den Vater dieses Kindes, der seine Schuld nicht anzunehmen vermag –, sie stirbt, damit der guten Wirklichkeit zum Leben verholfen wird – stellvertretend für Vaphio, den sie damit vom Tode erlöst: »Daß ein Werden geschehe und eine Wirklichkeit komme.«

Mit solch archaisch-biblischer Diktion steht Barlach unserem Zeitgeist, natürlich, entgegen. Erschreckend ist, wie bewußt ihm das war. Seine moralische Integrität hat er gegen Vereinnahmungsversuche auch von christlicher Seite stets behauptet.

In einer Aufführung der *Guten Zeit* muß klar sein, daß keine Geschichte erzählt wird, sondern daß Haltungen gezeigt werden. Dann kann Celestines Kreuzweg nicht als anachronistisches Mysterienspiel mißdeutet, sondern verstanden werden als beziehungsreiche bildliche Umsetzung für den Weg zu persönlicher Wahrheit im Opfer für aussichtsreicheres Leben.

Celestine ist keineswegs anders als andere zur Passion disponiert. Die Insel des Meisters der Beglückung war für sie wie für andere Reiche der Geheimtip für körperlich und seelisch bestgepflegte Abtreibung. Wo seit Jahrhunderten die Zuvielgeborenen im Gebirge ausgesetzt oder in die Schlucht geworfen werden, konnte der begabte Obererlöser außerhalb zivilisierter Rechtsüberwachung sich zum hochgelöhnten Fürsten einer Insel der Seligen machen. Von selbst sorgen die ausgepowerten Ureinwohner für wonnig erlittene Abenteuer. Eine Gegenwelt wird die Organisation des Versicherungsdirektors Atlas für Celestine erst, als sich zeigt, daß der geschäftstüchtige Dolce-Vita-Häuptling ihr vertragsbrüchig wird, um es nicht mit der Regierung ihres Mannes zu verderben. Ihr Opfer ist auch keineswegs die Ausgeburt religiöser Phantasie: »O, ich war lange genug fromm, jetzt heißt es, im Ernst wirklich zu werden.« Sie wird Person, verwirklicht sich selbst in dieser Entscheidung.

Es ist nur zu ahnen, wie sehr Barlachs späte Lebensgemeinschaft mit Marga Böhmer in dieses Werk hineingewirkt hat. In seinem letzten Drama ist eine Frau die Hauptfigur, ja Heldin, sie vertritt sein Thema, hat mehr als freundschaftliche Gefühle für die Gefährtinnen ihrer Selbstfindung.

Eine Aufführung der *Guten Zeit* müßte auch zeigen können, daß sich Celestine nur scheinbar exzentrisch verhält. Nicht nur orientiert sich das Leben jedes Menschen in irgendeiner Form zwischen dem von Brecht verspotteten »Drang nach Höherem« und der Befriedigung seiner Gelüste, zwischen der Sehnsucht nach dem Schlaraffenland und der Kampfeslust für eine bessere Welt, sondern auch die »Gute Zeit« stellt sich offenbar nicht mit der Steigerung noch größeren Komforts ein. Die Erfüllung des Traums vom Leben als »absolutem Klubsessel« schlägt im Stück um in die Sehnsucht nach wilder Ursprünglichkeit. Blut und Samen müssen fließen, damit man nicht in der eigenen Wattewelt erstickt. Die Klubsessel-Genossen klettern in den Bocksfell-Overall der »fernhinriechenden« Bergheroen, um das auf Sonne-Süden-Sünde reduzierte Lebensgefühl ihrer Klubweibchen stimulieren zu können. Dem Tod durch öde Wonne und brüllende Schuld zieht Celestine den Tod für ein Leben vor, das durch ihr Opfer Hoffnung für die Zukunft werden kann. Sie folgt damit ihrem eigenen Gesetz. Daß ihr Weg im Sinne der Ökonomie eines Theaterabends mehr Zeit beansprucht als die Zustandsschilderung der High Snobiety, liegt im Wesen der Sache.

Es ist bezeichnend für Barlach, für seine radikale Illusionslosigkeit, aber auch für seinen dramatisch-antithetischen Sinn, daß er die totale Bedeutungslosigkeit von Celestines Opfer für die, die sie gar nicht verstehen wollen, zeigt. Begriffe für Celestines Übersichhinaus, für Selbstentäußerung und Selbstüberwindung werden von dieser Gesellschaft zynisch für das genaue Gegenteil in Anspruch genommen: »Zweck der absoluten Versicherung ist Heilung sowie Heiligung... Die Vollkraft der Segnungen tritt unmittelbar nach geschehener, gern und freudig geleisteter Zahlung ein... Das Wort Zahlung hier im veredelten Sinne als Opfer, Dank und Lösung von Schuld, kurz als Sühnehandlung angewandt.« Zur Sublimierung des banalsten Lustgewinns dienen dieselben Vokabeln wie zum Benennen des Todes am Kreuz oder zur Ablösung der Blutrache. Dem Unvergleichlichen wird seine Unverwechselbarkeit durch Usurpation der einzig dafür geeigneten Wörter genommen. So zeigen sich chemische Industrie und Atomwirtschaft heute nur noch im Dienste des Umweltschutzes tätig. Hier findet Wertzertrümmerung durch Wortenteignung statt.

Der ungeschminkte Widerspruch zwischen tiefem Lebensekel – »Schauder ohne Ende, wo Leben ist« – und wider alle Vernunft postuliertem Idealismus – »Die schlechte Wirklichkeit wird vor der guten Wirklichkeit weichen« –: Zehn Akte von Ernst Barlach, *Die Gute Zeit.*

H.H.F.

Ernst Barlach

DIE GUTE ZEIT

Zehn Akte

Personen

CELESTINE
AMBROSIA
SIBYLLE
Andre Mädchen
VOLRAD
EGON
Andre Herrn
ATLAS
SYROS
IDAOS
KASTRO
VAPHIO
KORNILOFF
Wärter
Leute
Männer von Rifeh

I

Südlicher Strand. Promenade

Atlas, Ambrosia

Atlas Sahst du, Ambrosia, Fancy und Natalie bei mir stehen – mit ihnen Honoria und Seraphine?

Ambrosia *nickt.*

Atlas – sahst sie stehen! Und ahnst du die Art ihres Antrages an mich?

Ambrosia *verneint.*

Atlas Denke, sie erschöpften sich in Überredungskünsten – nichts Geringeres, meinten sie, gebühre mir, als direkt Würde und Namen eines Erlösers anzunehmen. Sie gingen, da sie kein Gehör fanden und schienen gebeugt und enttäuscht – sie wünschten es, aber dem sei nicht also!

Ambrosia Meister, bleibe für uns, der du gewesen bist – laß dich rufen wie sonst.

Atlas Nicht anders fortan als bisher, schlechthin: Atlas, der Titan, der in seinen Händen eine Welt von Sorgen trägt, und erwägt, wie die Schwere der Welt nicht überschwer werde – ja, der die Bürde mindert, dessen Titanenhände – was tun, Ambrosia...?

Ambrosia *zaudernd* Du weißt, Meister, daß ich es weiß.

Atlas *stutzt und sieht Ambrosia fürstlich überlegen an* Halte dir gewärtig, Ambrosia, daß ich alles in allem so etwas bin wie ein absoluter Herr, eine Art Herrscher, ja gleichsam ein Fürst dieser Insel. Ist es weit von da zu – nun – göttergleicher Existenz, bedenke, Ambrosia! Ist es so undenkbar, daß Erhebung, höchste Steigerung, Vollendung – ja förmlich Ver-

klärung, jetzt, hier, heute, zur Nacht, mit anbrechendem Morgen... aus mir – ja auch aus dir – gewiß, oder aus einem anderen – –

SYROS *kommt.*

ATLAS – – ach sieh doch, diesen Schleifer auf seinen Hacken muß man sich nicht entschlüpfen lassen, Ambrosia, weißt du: Original schlechthin, echt und recht, so lauter wie verlaust! Diese Art Biederbrüder sind meist kleine Diebe – so nebenbei, im Verborgenen – haben was angestellt – – aber wir brauchen sie als Exempel. Muster: erfreue dich der unverfälschten Einfalt.

AMBROSIA Ja, es fehlt uns hier an einem materialechten Original, wir benötigen eine Bequemlichkeit für den Überfluß unseres Spottes, Meister. Seine Ungewaschenheit ist waschecht – *Zu* SYROS Wovon lebst du, da du's noch immer nicht lassen kannst?

SYROS *grüßt, will weiter.*

ATLAS Er fließt dahin und läuft sich aus wie die Zeit, was weiß die Zeit, wovon sie's bestreitet, du mußt anders fragen. *Zu* SYROS, *indem er ein Geldstück zeigt* Haben?

SYROS *streckt die Hand aus.*

ATLAS *zieht zurück* Was gibst du mir dafür?

SYROS *wendet sich ab.*

ATLAS Ich will dich kaufen, Kerl! Du sollst mit deinem prächtigen Plunder am Leibe, in deinem von einem Bock abgelegten Ornat, mit dem Schmuck deiner durchscheinenden Bejahrtheit, dem Kuhfladen von Hut auf deinem filzigen Oberstock frischweg und täglich würdevoll herumsteigen. Überall, wo Damen und Herren wandeln, da präsentierst du deine Weißhärigkeit, die dir steht, als hätte man dir einen Kübel mit Schlagsahne übergestülpt – und dabei schaust du unvergleichlich treuherzig und schleckrig aus dem Schaum –

Nur nicht zu dicht heran, gehst daher, gehst dahin, und tust nichts, als daß du's täglich tust. Das soll dein Tagwerk sein – und dafür diesen täglichen Lohn. Schon gut und abgemacht! Du bist gekauft, und daß du leben darfst, ist mehr als du wert bist – behalt deine Fragen bei dir – oder was gibt's?

SYROS *läßt das Geldstück in die Tasche gleiten, nachdem er es dicht vor die Augen gehalten, deutet hin und her* So komm ich und so steh ich herum, und wie ich von oben absteige und was seh ich im Gehen hin und Schauen her? Viele seh ich stehen und sich drehen, und seh, daß was da steht und geht, Frauenvolk, und was dabei und herum, von hinten so dicht dran wie von vorn, Männervolk ist und... *Tritt näher* wo haben sie ihre vielen Kinder, die, so zu den vielen Frauen und den vielen Männern gekommen sind? *Sieht sich um* Gibt's keine Kinder mehr, wo Frauen und Männer beisammen sind? – Wenn's so ist, so ist's so wie mir's gefällt – mir gefällt's! Denn das, so danach kommt, ist die gute Zeit, welches eine Zeit ist nach der bösen Zeit.

  AMBROSIA *schaut auf ihre Füße.*

ATLAS Komm weiter, Ambrosia, wem die Seife fehlt für seinen Schopf, dem bleibe der ganze Kopf unausgeputzt – soll ich um ihn den Atem meines Witzes vertun? Ich, der König der absoluten Versicherung? Soll ihm sagen, wo die Kinder sind und ihm den Zusammenhang aufhängen, da doch der Zusammenhang mit Wortlosigkeit imprägniert ist? Halten wir dagegen das Geheimnis gesund und frisch, unser aller Juwel – –

  AMBROSIA *lacht gezwungen.*
  Alle drei ab. SIBYLLE *und* VOLRAD *kommen.*

VOLRAD Du denkst an Egon und sparst deine Worte für ihn, Sibylle.

SIBYLLE Ist der Unterschied so groß? Egon – Volrad, wo wäre ein kenntlicher Unterschied! Siehst du den Mond da oben, ein blasser Vollmond – ja, wenn er in der Nacht scheint, aber so, am Mittag – ob einer, ob zwei – es könnten gut zwei solche vom Himmel zehren, ohne daß seine Bläue verblaßt!

Musik von weitem

VOLRAD   Ach, unser lieber einziger Song!

> Wie so selten sind,
> wie so selten sind
> Tage, die wie Träume gleiten,
> Nächte wie aus Märchenzeiten – –.

Sie tanzen. EGON *kommt. Begrüßung*

SIBYLLE   *trällert* ... wie so selten sind, wie so selten sind ... ach, sähet ihr mein Herz, ihr wäret weise und wärmtet euch alle beide in gelinder Güte und wäret einander nicht böse, zwei blasse Monde am blauen Himmel.

EGON   Soll Sibylle sagen, wir wären unweise, Sibylle, die nur eins darf, es gut haben und glücklich sein? Was sind wir anders als Sibyllens Lehrbuben, und sie anders als unsere Meisterin in der Kunst, auf glückliche Art weise zu werden? Ein Wink von deiner Hand – und wir gönnen einander gern, was jedem Sibylle gönnt. Volrad, ich selbst bin Volrad, wenn Sibylle mich ruft ...

VOLRAD   Und ich Egon, wenn Sibylle befiehlt, Egon.

Sie lagern sich.

SIBYLLE   Wie so selten sind – – wie so selten sind – so ist es recht, Buben, kluge Buben, die aber weise werden wollen.

Andere Herren und Damen kommen und lagern sich in der Nähe. Eine schwangere Frau, mit einer Last auf dem Rücken, ein Kind an der Hand, geht vorüber. Allgemeines, erst verstohlenes, dann deutlich hörbares Kichern, man schaut einander augenzwinkernd an.

SIBYLLE   Gut versichert sein beim lieben Atlas ist eine Gnade direkt aus der Hand der eigenen Weisheit, Kinder. Aber bei der Armen langt's nicht zur Prämienzahlung – – gelobt sei unser geliebter Meister, so bleiben wir frank und frei und sonder Bürde Leibes und Lebens.

CHOR   Gelobt sei unser geliebter Atlas, so bleiben wir frank

und frei, denn er ist's, der uns die Bürde unseres Leibes nimmt.
DORA Wußte von euch wer was von Egons grauen Haaren? Meine Augen staunen, aber täuschen tun sie sich nicht. Ach Gott, die Zeit!

EGON *springt auf, blickt verwirrt drein.*

SIBYLLE *zu Dora* Grau oder weiß, ist das ein Unterschied? Es ist ein Unterschied, Dora, und du weißt es. Welch ein Unterschied! Wenn nur du dich erinnern möchtest – auch du, Thora, auch du, Seraphine, und nicht weniger Apollonia – Apollonia voran und vor allem! Wie war's, was wir vor Tagen im Gebirg empfingen, als die weißen Büsche, die wilden mit den brausenden Bartwolken aus den grünen Büschen fielen, die, denen das Tierschwänzlein aus dem Schlitz schlug, das wedelnde, als sie über uns kamen – du, Dora, du, Thora, du, Leda, du, Apollonia, über uns, über euch, über uns Alle? Wir kriegten es mit den weißen Büschen zu schaffen, die uns in die grünen Büsche schleppten – und was zeigte uns der Wind, der in den weißen Haaren wühlte? Fleisch – und festes Fleisch und pralles Fleisch und flammendes Fleisch leckte an uns und buhlte um uns – und Flammenkeile teilten uns, und wir empfingen, was solche Flammen zu schaffen wissen – die Wildgötter raubten sich Rehe! O, es ist ein Unterschied zwischen weißen und grauen Haaren! Unsere Herrn, Dora und Apollonia und Leda, sind Frauenmänner, ob sie graue oder schwarze Haare haben, das laßt euch gesagt sein, Dora und Leda und Apollonia.
EGON Frauenmänner? Und die weißen Wüteriche, die mit den unratvollen Wänsten, die lobt ihr euch und brüstet euch damit, was sie euch antaten?
SIBYLLE: Ja, Egon, du triffst es – die den Frauen zeigen, was Männer sind – glaubt mir alle, was ich von denen heimgetragen, hat mich reichlich gefüllt, und noch heute ist es in mir wie blühende Frische. Egon, wie, mir, die nichts darf als es gut haben und glücklich sein, mir solche Miene? Pfui, wie deine Züge sich verzerren – hättest du bessere Zähne, du würdest sie fletschen!

VOLRAD Sei getrost, Egon, Sibylle, die uns Weisheit lehren will und wie man glücklich wird, dieselbe, die uns Frauenmänner nennt, kann es nicht leugnen, daß wir den Frauen was zu schaffen wissen – mehr anzudeuten hieße sich brüsten... *Lächelt allessagend*
SIBYLLE Seht einander in die Augen und prüft einer im andern sich selbst. Sollte ich denen, die von euch und aus eurer Beschaffenheit gekommen wären, sagen: seht, daher seid ihr gekommen? Verdient ihr, Väter zu sein, und verdienen sie solche Väter? Und weiter, wozu solche, aus solcher Artung wie der euren gekeimt, wozu solche ins Leben leiten? Dem Leben ist mit solcher Art nicht gedient, das Leben wendet sich ab von solcher Art, wir verschönern die Welt, wenn wir sie verschonen mit denen, die sein müssen wie sie werden, wenn sie von uns und euch kommen! Wißt es, ihr, Dora und Apollonia! *Trällert* Wie so selten sind, wie so selten sind – Tage, die wie Träume gleiten – – Setz dich, Egon, deine sonst recht trainierten Beine taugen nichts, solche Last unbequemer Erkenntnisse zu tragen.
APOLLONIA Schade, unsere gute Sibylle wäre kein übler maître de plaisir, ein wirkliches Dutzend dieser feurigen Weißbärte und Wildgötter oben vom Bergwald in den Dienst der Gesellschaft gestellt, wäre eine unüberbietbare Attraktion, solch eine gut aufgezogene A–V-Wildnis mit nie dagewesenen Schikanen und Finessen.

SYROS *kommt.*

EGON Sieh, Sibylle, einer von deinen weißbärtigen Wandlern! Zwar, seine Flamme scheint gedämpft, aber du, mit dem schwärmenden Anhauch deines Mundes, ich wette, du würdest das kalte Züngelin zum Züngeln bringen, es lohnt sich gewiß!
SIBYLLE Was gäbe es wohl, das sich nicht lohnte zu versuchen!
EGON *zu* SYROS He du, wohin trappen deine Tritte, sei gegrüßt, alter Sologänger, wir warten auf dich!

SYROS *bleibt stehen.*

SIBYLLE Geht's immer noch munter voran – keine Krücke, kein Stock? Von woher hast du deinen stolzen Ziegenmantel zu uns getragen?
SYROS *zeigt* Da oben.
SIBYLLE Aus den grünen Büschen?
SYROS Höher her.
SIBYLLE – kommst und kommst warum?
SYROS *wiegt den Kopf* Die Jungen sind groß und weise und dreist und stark geworden – und sind selbst Väter und nochmal Väter und noch mehrmals Väter, oftmals Väter, und die Jungen sind nicht mehr jung – – und ich bin kein solcher Vater, daß ihm die Mühe gedankt würde, die er sich darum gemacht hat, daß sie einen Vater hätten – und da dachte ich, du, dachte ich, machst dich auf und gehst dahin, wo die Jungen sind...

Zeigt die Zähne

bin noch nicht alt genug und versuch's einmal.
SIBYLLE Das ist recht – und suchst dir ein frisches Weibchen, junges Fleisch schmeckt gut – seht einmal an, er hat sich sein bestes Ziegenfell angetan, das am bockigsten riecht, er hat ein Pläsier im Sinn.

SYROS *leckt die Lippen.*

VOLRAD Es züngelt schon, und in der Art, daß seine Dürre gleich in Feuer steht. Nicht zu hastig, Sibylle, du könntest erleben, daß eine Hand voll Asche als Rest bleibt.
SYROS *zu* VOLRAD Hast da einen guten Platz zu sitzen, wo du sitzt, und weißt wohl nicht, wie schlecht die Zeit beschaffen ist, wenn es nicht die gute ist?
VOLRAD Sieh einer an, deine Schmeckernase ersetzt dir Krücke und Stab. *Zu* SIBYLLE Soll er kommen wo ich abfahre, Sibylle? Ich gönne es dir, darin sei ruhig.
SIBYLLE Seine Mutter darf stolzer sein auf ihren Leibessohn als deine, Volrad, und er sieht nicht so aus, als wäre er ihr gram darum, daß sie ihm die Tür in die Zeit geöffnet hat. Er soll mir was von seiner Mutter erzählen. *Sie winkt,* SYROS *setzt sich neben sie,* VOLRAD *rückt bei Seite.*

CELESTINE *geht vorüber, man schaut ihr nach, mustert einander, lächelt diskret.*

THORA   Weiß euer eins Genaues? Es soll ein Inkognito ausgekommen sein und eben noch rechtzeitig – – nun eben rechtzeitig etwas verhütet – – sie führt allerlei melancholische Weisheit im Mund und kommt aus einem sehr vornehmen Himmel gewandelt. Es muß ein eigenartiges Glück Mode sein in diesem Himmel – der ganze Trost ihrer Hoheit soll verdorben sein...

APOLLONIA   Ich möchte wissen, was für ein Interesse wir an so absonderlichen Leuten haben.

DORA   ...wohl mehr als absonderlich, Thora, meine Liebe, ich halte sie für...

ANASTASIA   St! wenn ihr so gut sein wollt. Solche Sachen sind peinlich, aber wenn man nicht davon spricht, so hat man nichts gesagt und Niemand kann's hören. Nur keine Fachausdrücke, einerlei ob medizinische oder... na...

DORA   Oder?

ANASTASIA   ...oder sonst unschöne.

II

Terrasse – 5 Uhr-Tee

Atlas *im Kreise der Jüngerinnen*

Atlas Unsere Gemeinschaft wächst aus der zwölffachen Wurzel unserer Gebote. Diese unsere Gebote nähren die Kraft und Festigkeit und Gerechtigkeit, Wohlfahrt und Ehrbarkeit unseres Bestands. Sinn und Seele regen die Welt, Verlaß ist einzig und Vertrauen allein auf die Gegenwart zu Unerschütterlichkeit geläuterter Gesetze. Laßt uns hören, ob ihr dieser Gesetze Sinn und Wort lebendig im Herzen hegt. Eufemia, beginne mit dem ersten Gebot.

Eufemia Kein Rat ist als der einzige Rat, der einzige Rat ist der Rat der freiwilligen Freudigkeit.

Atlas Richtig; Thora, das zweite.

Thora Das zweite lautet: im Ganzen ist Gerechtigkeit, nicht im Teil.

Atlas Das heißt?

Thora Das heißt: ich soll und muß wert halten den Sinn und die Seele unserer Gemeinschaft.

Atlas Da ich das dritte bis fünfte Gebot erst unlängst erläuterte, so entfalten wir nunmehr das Banner der absoluten Versicherung. Es folgt der Artikel, der da steht an sechster Stelle, und Leda wird ihn uns verkünden.

Leda Gegenstand der absoluten Versicherung ist die Entbürdung von Beschwerden, beider, sowohl seelischer wie leiblicher Beschaffenheit.

Atlas Es ist wohl acht zu geben auf den genauen Wortlaut auch des folgenden Gebots. Ambrosia, deine Stimme ist am berufensten, diese vitalste und zentralste unserer Formulierungen zu verkünden.

AMBROSIA   Zweck der absoluten Versicherung ist Heilung sowie Heiligung, wobei letztere sich als notwendige Folge der ersteren darbietet. Die Vollkraft der Segnungen tritt unmittelbar nach geschehener, gern und freudig geleisteter Zahlung ein. Ein abweichender Wortlaut sagt prägnanter: die Anwendung der absoluten Versicherung wird gern und freudig hoch bezahlt.

ATLAS   Es ist aller Anwesenden Zustimmung sicher, daß das Wort Zahlung hier im veredelten Sinne als Opfer, Dank und Lösung von Schuld, kurz als Sühnehandlung angewandt wird.

ALLE   Es ist, wie er sagt.

ATLAS   Von Erlösung handelt das weitere, das wievielte Gebot?

ANASTASIA   Das achte.

ATLAS   Gut, und es lautet?

ANASTASIA   Die Segnungen der absoluten Versicherung oder der A-V ersetzen voll und ganz die jeder der vorkommenden und approbierten Religionen, sind aber von so erlesener Art, daß nur Reiche ihrer teilhaftig werden dürfen. Ihre Erlösungskraft übertrifft die aller älteren Systeme.

ATLAS   – – – womit also die Religion der armen Leute überboten ist. Aber ich sehe, ihr habt euren Katechismus gut im Kopfe, und wir können von dem Bekenntnis zu den restlichen Satzungen absehen. Vernehmet nur noch das A und das O der A-V, das da lautet: es gibt nur eine Gewißheit, die der Mühe des Wissens lohnt, das ist die Gewißheit der absolut zureichenden Beglückung durch unsere Methode. Geht hin in dem edlen Frieden, den dieses Wissen verleiht.

Musik und Tanz. CELESTINE *erscheint und setzt sich abseits.*

EIN ALTER HERR   *im Klubsessel* Ein großartiges Institut, eine vollkommene Perfektheit! Nichts ist vergessen, gar nichts, und die Leistungsfähigkeit der A-V ist unbegrenzt. Sogar gegen das Risiko unformulierbarer, weil bisher nicht in Erfahrung getretener, schlechthin sei wie es wolle gearteter, seit

Bestehen der Welt unvorgekommener Mißlichkeiten bin ich heute morgen versichert worden. Das Leben als absoluter Klubsessel, soweit haben wir es also gebracht!

> SYROS *ist unbefangen eingetreten, sieht sich um, setzt sich zu* CELESTINE.

SYROS *klopf* CELESTINE *auf die Schulter* Jetzt kommt die gute Zeit!

> CELESTINE *mustert ihn, rückt scheu rückwärts.*

SYROS Ich wollte, du wärest so vergnügt wie ich – ja, ja, jetzt kommt die gute Zeit. Das Böse hat aufgehört, es hat schon tagelang nichts getan. Ob sie mit den Kindern kommt, die böse Zeit? Tut man sie von sich ab, oder ist man der guten Zeit teilhaftig aus bloßer Vergangenheit der bösen Zeit? Es hängt ein Ding an deinem Hals, aber ich weiß nicht, was für ein Ding da hängt.

CELESTINE Ein Kreuz – ein goldenes Ding, ein gutes Ding.

SYROS Gut – gut wie die gute Zeit, wenn sie wirklich ist?

CELESTINE Wirklich? *Schaut* SYROS *an* Wirklich – ja wirklich!

SYROS *nickt erfreut* Denn so ist die wirkliche Beschaffenheit der Dinge, daß sie eine andere wird in den Dingen und dann sind die Dinge in Wirklichkeit anders, und wer es nicht weiß aus eigener Ergründung, dessen Ohren sind solche Eingänge seines Wissens, daß sie es hören müssen.

CELESTINE – Daß sie in Wirklichkeit anders werden?

SYROS – Daß sie dann in ihrer wahren Wirklichkeit sind.

CELESTINE Aber nicht jede Wirklichkeit ist gut...

SYROS Die wahre Beschaffenheit der Wirklichkeit ist eine solche, daß sie ohne Wandel ist und keine Reue in ihr sein darf.

CELESTINE Und doch ist nicht jede Wirklichkeit gut, wenn sie böse ist und in mir wächst, so werde ich selbst schlecht und es wäre besser, ich stürbe, als daß die schlechte Wirklichkeit in mir groß wird.

SYROS Ja, so ist es an dem, daß nicht allein die Dinge sich ändern, wenn sie anders werden, es werden auch die Men-

schen wie sie werden müssen, wenn die Zeit eine andre wird. Und es geschieht in dem Menschen ein Geschehen wie ein Kind Gestalt wird in der Mutter – und ist ein Kind der bösen Zeit teilhaftig, so teilt es der Mutter mit von seiner Art – darum ist es besser, es stürbe in dir mit seiner schlechten Wirklichkeit, als daß du an ihm verdürbest.

CELESTINE *verstört, stockend* Vorhin hörte ich dich sprechen als wie von deinen Kindern...

SYROS Von meinen – ja es sind meine, die mir die böse Zeit gebracht haben. *Mit frecher Plötzlichkeit sie musternd* Aber es ist nicht anders mit deinem eigenen Buben, wenn seine Beschaffenheit eine solche ist, daß du ihrer zum Schaden teilhaftig werden mußt.

> DIENER *beugt sich über die Stuhllehne, tippt* SYROS *auf die Schulter und zeigt nach der Tür.*
> SYROS *sieht ihn fragend an.*

DIENER Du sollst den Herrn und Damen nicht zu nahe kommen – denk an deinen Lohn!

SYROS *greift in die Tasche und holt das Geldstück hervor* Siehst du?

DIENER Scher dich, sput dich!

SYROS Willst du nicht, so brauchst du nicht. *Zu* CELESTINE Siehst du den Kopf auf dem Scheibenstück? Das ist er, so soll er ausgesehen haben, so haben sie mir's gewiesen und darum weiß ich es.

DIENER *rüttelt ihn* Auf – nicht so dumm getan – hier ist kein Ort für dich.

SYROS *zu* CELESTINE Hundert Väter waren zwischen ihm und mir und alles waren meine Väter vor mir und er war der erste.

DIENER Gnädigste Frau Gräfin, der Mann ist ein Trottel und bezieht Gnadengeld. Es ist sein erster Sold, eins unserer Wechselstücke neuester Prägung zum Gebrauch auf dem Gebiet der A-V, gnädigste Frau Gräfin.

SYROS Wenn du es sagst, so soll es euer neustes sein, aber bei uns ist es das älteste. Oben bei uns liegt noch manches dazu.

Wir zeigen sie einander und die Väter zeigen sie ihren Söhnen, daß sie wissen, wie der Hundertste vor ihnen aussah, als er ans Land stieg und vom Schiff ging, damals als die Zeit war, die er zum Leben hatte. Er ist es und bleibt, daß er es ist.

CELESTINE *hat flüchtig hingesehen* Eine alte Münze, aber frisch geprägt.

ATLAS *tritt heran* Gnädigste, nehmen Sie den Dank der A-V an für so viel Langmut, ich sage Dank und bitte um Verzeihung für die Belästigung. Der Kerl hat die Münze von mir bekommen, es ist, wie der Wärter sagt, ein Wechselstück zur Verwendung auf unserem Gebiet, geprägt nach dem Muster eines antiken Fundes, man meint, es stelle den ersten Eroberer unserer Insel dar.

SYROS *grinst* Der Älteste von uns allen, er war der hundertfache Vater meines Vaters – sie sagen, er war kein Eroberer, sie glauben, er war aus der brennenden Stadt Troja geflohen, und die Stadt Troja war die Stadt, die seine Vaterstadt war. Sein Vater war der König der Stadt, ehe er sein Königtum verlor. Jetzt wird alles wieder gut, die Zeit wird immer besser und die Menschen können es nicht hindern, mit der besseren Zeit bessere Menschen zu werden...

ATLAS Prahlerei nach ältestem Muster, gnädige Frau – er soll Sie nicht länger behelligen. Derartiges und Ähnliches wird für immer abgestellt. *Zu* SYROS Du bist aus deinem Dienst entlassen mitsamt deinem Königsmantel und deiner aus dem Kot gekommenen Krone. *Winkt* Bringt ihn auf den Weg!

Diener treten zu.

SYROS *zu* CELESTINE Die Zeit ist eine solche Zeit und wird immer besser, und es ist gut, daß du in der guten Zeit lebst, darüber kannst du vergnügt sein und sollst von deinem Buben keinen Verdruß haben. Es ist nun so weit, daß es damit ein Ende hat, daß sie einen schon quälen, ehe sie zur Welt kommen. Wer sagt denn, daß das das Rechte ist: Hundertmal ist es so geschehen und dazu noch mehr als hundertmal – – –

Man drängt herzu, ATLAS *winkt andern Dienern.*

SYROS *unbewegt* Das war gut in der Stadt, ehe sie eine brennende Stadt war, da haben sie Rauch geschluckt und sind gekrochen wie Kinder aus der Mutter und haben schaffen müssen, was war, wie es sein sollte, aber ob es das Rechte war, wer hat das gesagt? Lieber sollten sie verbrennen in der Mutter – – *Zu* CELESTINE verbrennen, sage ich, ehe denn hervorgeht aus dir, was der bösen Zeit teilhaftig ist, zur Verhütung dessen, was wird wie es dann werden muß, sollte es verbrennen und seines Seins ledig werden. Wenn alles recht wäre, so wäre ich jetzt der König der unverbrannten Stadt – – –

    Tumult

SIBYLLE *zu* ATLAS Ach lieber Meister, mach's gnädig und laß dein Gericht sanft ausgehen – gib ihn in meine Hände, da er doch mein Schützling ist. *Sie umfaßt* SYROS *und zieht ihn hinaus.*

    Die Gäste verlassen die Terrasse. AMBROSIA *steht beiseite.* CELESTINE *sitzt blaß und verstört im Sessel.*

ATLAS *schmeichelnd* Hoheit...
CELESTINE Wen meinen Sie?
ATLAS Hoheit, der Schleier ist aufgedeckt, das Inkognito Euer Hoheit ist nicht länger aufrechtzuerhalten. *Näher* Der verzweifelte Schritt eines Kindes, als weiter nichts ist Euer Hoheit Abreise, wo nicht Flucht vom Hofe anzusprechen – und wird auch von Seiner Hoheit nicht anders ausgelegt. Wir mußten selbstverständlich... in Euer Hoheit eigenstem Interesse... wie im Interesse des fürstlichen Hauses – hm – kurz, ein Bevollmächtigter vom Hofe mit Instruktionen Seiner Hoheit ist bereits unterwegs...
CELESTINE Korniloff – natürlich, mein Gott!
ATLAS Ja, der Herr Baron Korniloff, wie Euer Hoheit vermuten... bis dahin soll es unsere Sorge sein, das Gedeihen des hoffentlich zu erwartenden Erbprinzen, soweit menschliche Fürsorge reicht, um...
CELESTINE *scharf* Menschlich, Herr? Sie wissen, daß der Vater dieses Kindes ein kranker Mann ist. Fürsorge, Herr? Ich

habe mich Ihnen anvertraut und Sie stellten mir eine ganz andere Fürsorge in Aussicht!

ATLAS *winkt* AMBROSIA, *flüsternd* Hoheit sind geweiht durch Ihre Eigenschaft als Landesmutter. *Laut* Ambrosia, die Frau Gräfin ist durch eine bedauerliche Nachricht erschreckt und bedarf einer gelegentlichen Handreichung, auch vielleicht einer schonsamen Hut – nur ein Weilchen, Frau Gräfin, ein paar Ruhestunden werden genügen, um Ihre Heiterkeit herzustellen. Die A-V. ist der Pflicht eingedenk, die die Erwartungen der Ihrigen ihr auferlegt – ich bitte gehorsamst, mich verabschieden zu dürfen. *Ab*

AMBROSIA *nähert sich Celestine.*

III

Sonniger Parkweg, schattige Lauben. CELESTINE *und* AMBROSIA

CELESTINE Redet nur um Gotteswillen nicht immer von meinen Pflichten gegen den zukünftigen Erbprinzen. Erbprinz! Es wird kein prinzliches Erbe, das er einmal antritt. Besteht ihr darauf, mir von ihm als einer gleichsam ausgemachten Person in den Ohren zu liegen, so müßt ihr mir nicht verdenken, wenn ich mich darauf besinne, daß ich die nächste dazu bin, mich ihm in Gedanken gegenüberzustellen – und wie, Ambrosia, soll ich seinem Blick begegnen? Glaube mir, ich könnte ihn nicht erwidern. Vor ihm die Augen nicht niederschlagen ist undenkbar. Was für eine Mutter das ist, die den Blick ihres Sohnes nicht aushält, das vorzustellen, will ich dich gewiß nicht bitten, Ambrosia. Es würde wie ein Übel in dir sitzen, es käme dir vor, als wäre ein Fenster in deiner Seele und nie wärst du sicher und unschuldig mit dir allein, nie im harmlosen Vertrauen deines Seins. Wie Ekel würde es in dir anfangen zu brennen – – – was sagte er doch, der alte Lumpenkönig – verbrenne ihn in dir –?

AMBROSIA Euer Hoheit hat in einem ungünstigen Augenblick das unflätige Wort eines verrückten Bauers gehört, ich bitte Eure Hoheit, mit allem Vermögen Ihres Geistes gegen derartige Einflüsterungen anzukämpfen.

CELESTINE Du bist ein gutes Mädchen, Ambrosia, aber du sprichst so ausgeputzte Sachen – ich bin dergleichen überdrüssig gewohnt. – Wie heißt es doch immer wieder, wie macht man mir das Fürchterliche gefällig – hatte man's dir nicht auch eingetan – war's nicht gar die endliche Heiligung meines Seins, die ich nicht verscherzen dürfte –?

AMBROSIA Doch, Hoheit, es ging so ähnlich aus – *Besinnt sich* aber wie doch gleich? *Lacht* Ich fürchte, ich muß mich auf eigene Worte besinnen, um unbeholfene Zumutungen wenigstens wohllautend zu machen.

CELESTINE   Einerlei – Worte, bloß Leckereien fürs Ohr, um süße Frömmigkeit ins Gemüt zu flößen – o, ich war lange genug fromm, jetzt heißt es, im Ernst wirklich werden.

> ATLAS *und Baron* KORNILOFF *gehen ohne in die Laube zu blicken vorüber.*

KORNILOFF   Der Spuk wird prompt verscheucht, noch ist es an der Zeit, noch hat kein Gerücht gemunkelt von Ihrer Hoheit erlauchter Auslegung feierlich übernommener Mutterpflichten und Seine Hoheit sagte wörtlich: Glaube, Liebe, Hoffnung, alle drei, mögen sich auf den Kopf stellen und uns mit dem Anblick ihrer Flanellunterhosen bedrohen – der abnormste Erbprinz ist besser als gar keiner. – Führen Sie mich schnellstens zu Ihrer Hoheit, damit ich mich als Orakel des fürstlichen Hauses vorstelle und die authentische Auslegung desselben präsentiere.

> *Beide ab*
> *Zwei ausgemergelte Bergbewohner in Ziegenfellmänteln kommen.* IDAOS *und* KASTRO

IDAOS   Kehren wir um, mein Kastro, oder kehren wir nicht um?

KASTRO   Wie du willst, Idaos, du mußt es wissen, du hast eine Meinung.

IDAOS   Aber du hast gesagt, Kastro, wir kehren nicht eher um, als bis wir ihn gefunden haben.

KASTRO   Wenn ich das sagte, so wußte ich nicht, ob es auch deine Meinung wäre, wenn es deine Meinung nicht ist, so müssen wir umkehren.

IDAOS   Es ist aber meine Meinung, wie könnten wir wohl umkehren, ehe wir ihn gefunden haben! Er muß zurückgeholt werden, es gehört sich, daß er zurückkommt.

KASTRO   Ich bin vollkommen der gleichen Meinung wie du, mein Idaos, er muß zurückkommen.

Ein Gärtner

Gärtner Wenn ihr irgendwo herkommt, so geht auch irgendwo hin – sucht ihr jemand?
Idaos Wir suchen den König, nicht Kastro?
Kastro Du hast recht, mein Idaos, den König suchen wir.
Idaos Dazu sind wir gekommen.
Gärtner Weiter sucht ihr nichts? Dann kehrt nur wieder um, der König hat bessere Geschäfte als mit euch.

Idaos *und* Kastro *sehen sich an.*

Idaos Wollen wir umkehren, mein Kastro?
Kastro Wenn es deine Meinung ist, Idaos...
Idaos Es ist meine Meinung nicht, und darum nicht, weil es nicht darauf ankommt, welche Geschäfte der König, unser Vater, mit uns hat, sondern welche Geschäfte wir mit ihm haben. Was sagst du, Kastro?

Kastro *und* Idaos *sehen sich an und gehen weiter. Auch der* Gärtner *ab*

Celestine Den König, ihren Vater, suchen diese Zwei? Hat solcher Bauer Söhne, die ihn für denselben König halten, als welcher er sich aufspielte? Sie sehen Beide ehrenhaft und so ausgefüllt von der Wichtigkeit ihrer Sendung drein, daß es fraglich scheint, ob sie wissen, was für sonderbare Prinzen sie sind.
Ambrosia Hoheit, allerlei Pfuschkram von Hörensagen will was über ein elendes Bergvolk da oben wissen, eine Kaste Menschen, die halbnackt und ausgepowert um ein Leben kämpft, das des Wagnisses nicht wert ist, es anzufangen – vielleicht ist der Schmutzfink, der Euer Hoheit so lästig fiel, ein echter gerechter Elendskönig, der edelste unter den Niedrigen, aber, wenn sie ihn König nennen und so ehren, so ist er auf seine Art doch einer.
Celestine Aber warum sagt er das vom Verbrennen – wenn er doch vielleicht noch stolz auf seine Prinzen ist?
Ambrosia Es klang gerade nicht so, Hoheit. Es schien ihm

lieber, wenn sie wären, wo der Pfeffer wächst – da kommen sie übrigens zurück und haben ihn richtig erwischt, sehen Sie, so ehren sie ihn, wie einen Gefangenen.

S<small>YROS</small>, I<small>DAOS</small> *und* K<small>ASTRO</small>

I<small>DAOS</small> Kehren wir um, mein Kastro, da wir ihn jetzt gefunden haben?

K<small>ASTRO</small> Wenn es deine Meinung ist, mein Idaos, so soll es auch meine sein, aber was ist unsere Meinung wert, wenn wir nicht wissen, welche Meinung der König, unser Vater hat?

I<small>DAOS</small> Denkst du, daß wir ihn danach fragen müssen?

K<small>ASTRO</small> Ich meine, daß wir das tun müssen, aber was wollen wir mit seiner Meinung anfangen?

I<small>DAOS</small> Du hast recht, was wollen wir mit seiner Meinung anfangen, ich weiß es nicht, darum ist es besser, wir fragen ihn nicht.

S<small>YROS</small> Wißt ihr wohl, was die gute Zeit für eine Zeit ist, du, mein Idaos und du, mein Kastro? Ich will es euch sagen, sie ist die Zeit, die nichts mit der vergangenen schlechten zu schaffen hat. Jetzt ist die gute Zeit da, das achtet ohne Scheel und gönnt mir die gute Zeit.

I<small>DAOS</small> Wollen wir dem König, unserm Vater, die gute Zeit gönnen, mein Kastro?

K<small>ASTRO</small> Du mußt es am besten wissen, Idaos, wenn er uns unsere schlechte Zeit gönnt, so müssen wir ihm wohl seine gute gönnen, wie, mein Idaos?

I<small>DAOS</small> Ist er nicht der König, unser Vater, und hat uns in die schlechte Zeit hineingebracht? Ich meine, es wäre recht, wenn er mit uns in der schlechten Zeit bliebe. Unsere Zeit ist so schlecht, daß unsere Kinder uns verfluchen werden, genau wie wir ihn verflucht haben, ihn, den König, unsern Vater. Denkst du daran auch, mein Kastro?

K<small>ASTRO</small> Wir müssen für unsere Kinder, bis die schlechte Zeit aus ist, unsere Knochen abschleifen, soll er eine gute Zeit haben und seine Knochen nicht für uns abschleifen, mein Idaos?

S<small>YROS</small> Weißt du, mein edler Idaos und du, mein starker Kastro, wißt ihr, meine Söhne, nicht, womit ich euch in der schlechten Zeit gedient habe? Höret denn, daß es nicht die Knochen allein sind, die ich für euch ohne Unterlaß abgeschliffen habe, höret, was ich sonst zur Linderung der bösen Zeit für euch tat.

IDAOS   Wie du es sagst, mein geliebter König und Vater, so will ich es ehren, wo du es mir kündest.

SYROS   Alle meine Kinder außer euch beiden, die, so eure Mutter mir geboren, habe ich ausgesetzt und der wilden Nacktheit der Berge überantwortet. Darum, weil sie die Schwere der Zeit mit ihrem leichten Gewicht überlasteten. Alle eure Brüder sind verschmachtet vor euch, weil ihre Nahrung und Aufzucht den Keim eures Daseins dahingerafft hätte. So habe ich gehandelt und mußte es, damit ihr Beide leben konntet, wie ihr es vernommen habt, auf daß euer Teil Gedeihen ungeteilt das eure werden konnte.

IDAOS   Wir haben es vernommen, mein König und Vater, wie du es gesagt hast.

KASTRO   Wie auch ich es vernommen habe.

IDAOS   *zu* KASTRO Sollen wir jetzt zurückkehren, mein Kastro?

KASTRO   Wenn es deine Meinung nicht ist, so bin ich mit dir der gleichen Meinung.

IDAOS   So wären wir also beide einer Meinung, mein Kastro.

SYROS   Es ist meines königlichen Alters Lust, euch Beide der gleichen Meinung zu wissen, bleibt miteinander einhellig, Beide, du mein Sohn Idaos und du, mein edler Kastro. *Will gehen,* IDAOS *vertritt ihm den Weg.*

IDAOS   Wie wäre dein Urteil, mein Kastro, ob es nicht besser gewesen wäre, wenn auch wir, ehe wir unsers Anteils an der bösen Zeit teilhaftig werden konnten, von unserm Vater, wie er unsern Brüdern gegönnt hat, wieder hinter diese Zeit zurückgeführt wären?

KASTRO   Ich würde nicht widersprechen, wenn du glaubtest, daß wir mit Unrecht der bösen Zeit teilhaftig sind.

IDAOS   Er ist schuldig an uns, mein Kastro, du sagst es.

KASTRO   Wir und alle unsre Kinder sind über unseres geliebten Vaters und Königs Schuld am Sein in der bösen Zeit einer einzigen Meinung.

Sie stehen neben ihm, als ob sie ihn am Entweichen hindern wollten.

SYROS Es ist keine Schuld mehr an dem, was in der bösen Zeit geschah, darum, weil sie von mir gewichen ist mit ihrer Schuld. Und ist es an dem, daß ich ohne Schuld bin, so bin ich ledig dessen, daß ihr zu Unrecht in die böse Zeit gekommen seid. Schuld ist nicht mehr Schuld und ist zunichte geworden.

IDAOS Seine Rede ist eine solche, daß sie aufhört, väterlich und königlich zu sein. Sie ist die Rede eines Fremden und eines Feindes.

SYROS Wenn danach meine Rede eine solche und mein Wort ein solches ist, daß es aufhört väterlich und königlich zu sein und keine Entschuldigung meiner Schuld statthaben kann, so entsage ich ihrer und meines Glaubens an das Heil der guten Zeit und meine Schuld soll bleiben in ihrer Böse und Kraft. Wenn die gute Zeit nicht auch die eure werden kann, soll die böse Zeit bleiben und unvergänglich unsere Teilhaftigkeit an der bösen Zeit.

IDAOS Kehren wir danach zurück, mein Kastro?

KASTRO Unsere Meinungen, deine und meine, sind von solcher Art, daß sie gleich sind einer einzigen. Danach kehren wir zurück.

VOLRAD *und* EGON

VOLRAD Der fette Dank, den wir uns bei Sibylle zu verdienen denken, wird immer magerer, Egon. Unsere Bereitschaft als Sucher und Spürer nach dem alten Weißbart machte ihr Eindruck, wie ich bemerkte, aber daß wir Erfolg mit unserem Suchen haben, bedeutet schlecht Wetter für unsere Aussichten und gutes für die dieses schimmeligen Königs. *Zu* SYROS Sput dich, lauf, sie, deine Sibylle, läßt dich rufen, wärme dich an der guten Zeit, solange sie so wohl temperiert ist.

SYROS *wendet sich gleichmütig ab und schickt sich an, mit seinen Söhnen zu gehen.*

EGON   Dieser Dorfschulze von Gottes Gnaden – seht ihn an, es fehlte wenig, daß er sich solche Botschaft verbäte! Meine Aussichten bessern sich, Volrad – und deine – natürlich auch deine!

VOLRAD   Aber wie sagen wir's unserem Kinde – hinterbring ihr's Egon, hab gern den Vortritt.

EGON   Ja, du Schlauberger, sei bedankt, solange wir von unserer Sibylle sprechen, wollen wir einander gleiches und gerechtes Teilhaben gönnen – hör' zu, mir fällt eine Schnurre ein! Da sie doch einmal herzhaft in diese Ziegenfellmode vernarrt ist, wie wär's, wenn sich einer von uns in diesen Ornat werfen wollte und ihr im Dunkeln mit königlicher Herablassung nahte?

VOLRAD   Du bist direkt ein Genie, Egon, mit Qual bestätige deine Qualität als Genie – gesagt, getan – stoppt einen momentanen Augenblick, ihr Häupter eurer Herden bei eurem stoischen Abgang, wechseln wir Abschiedsgeschenke – hier, na und hier – und noch dazu, es sei euer, ihr fernhinriechenden Heroen! Und dafür bitten wir uns einen von euren penetranten Frisiermänteln aus – den da, das Futteral der Königswürde, das Gleichnis eines in Ehren abgeschabten Jahrhunderts.

EGON   Und dessen längst fällige Abgelegtheit dir den Anschein eines guttrainierten Asketen verschafft – viel Geld für soviel Gestank!

SYROS *sieht auf das Geld, das* VOLRAD *auf seine Hand gelegt hat.*

IDAOS   *zu* KASTRO Es ist nichts so geordnet, wie es geordnet sein müßte, mein Kastro, wäre es aber so geordnet wie es müßte, so wäre dieses Geld ein solches, das in unsere Hände gelegt wäre. *Er nimmt das Geld.* Gib ihnen das Abschiedsgeschenk, dessen sie begehren.

KASTRO *zieht* SYROS *den Mantel ab.*

VOLRAD *bricht in Lachen aus* Sieh ihn an, Egon, und könnte doch Sibylle den Durst ihrer Augen an ihm stillen – der Reiter, der da am jüngsten Tag ausfuhr mit Sense und Flitzbogen – und sein Klepper hat ihn abgeworfen.

EGON Oder der Berggeier in der Mauser, Volrad, gerupft, und imponierend mehr durch Faltigkeit als Fettigkeit seines Leibes...

VOLRAD *legt* SYROS' *Mantel an* Ich denke, er wird mir Sibyllens verlockendste Tür und Tore öffnen, glaubst du nicht auch, Egon?

EGON War das so gemeint, Volrad? Du nennst mich direkt ein Genie und bedienst dich meiner Originaleingebung zu deinem Vorteil?

VOLRAD Dich kleidet dein Witz und dein Genie vorteilhaft genug, Egon, laß geschehen, daß ich Vorteile wahrnehme, die mich meines Teils voranbringen.

VOLRAD *und* EGON *ab*

AMBROSIA *die langsam näher gekommen* Alter Mann, wie willst du so halbnackt in deine böse Zeit zurückkehren – häng dieses Tuch über die Schultern.

IDAOS Weise es nicht ab, nimm, was dir die Frau gönnt, mein König und Vater. Trag auf deiner Schulter, was mein Weib Gurmia zu ihrer Bekleidung bedarf, deine Schwiegertochter, die Tochter Praisos', unseres Nachbars. Weißt du nicht, mein Kastro, daß sie dessen bedarf?

KASTRO Es ist an dem, wie du fragst, mein Idaos, sie bedarf des Gewandes und bedarf seiner dringend.

SYROS *zu* AMBROSIA Es ist die böse Zeit, die mich auszieht, daß ich friere und meine Knochen abschleife für sie, meine lebenden Söhne. Hab Dank, du, die gute Zeit soll es dir vergelten.

CELESTINE *furchtsam herzu* Du hast schon mir die gute Zeit versprochen, ich denke deines Spruches, behalte mir deinen Segen, laß mich lebendig bleiben in deinen Gedanken – nimm ein Zeichen... *Gibt ihm einen Ring, indem sie ein wenig zur Seite treten*

SYROS *verstohlen zu den Söhnen blickend* Du tust etwas von dir ab und legst es in die böse Zeit, daß es da bleiben soll? Es hat einen schlimmen Ort bekommen, aber es soll so sein, daß ich es haben will, und will es halten von dir wie es sein soll, daß du behältst von mir, was ich dir gegeben habe, was da war ein Spruch und von der Art eines guten Spruchs.

KASTRO Sag an, mein Idaos, soll unser Vater und König diesen Ring als einen Zauber der guten Zeit zur Erhaltung seiner guten Zeit für seinen und seines Seins Vorteil an der Hand tragen, oder soll er dieses Vorteils nicht länger teilhaftig bleiben, als bis wir, seine Söhne, wieder mit ihm im Sein unserer heimatlichen bösen Zeit angelangt sind, daß er ihn allda meinem Weibe Patsofa, seiner Tochter und anderem Kinde Praisos', unseres Nachbars, darreiche? Wessen entsinnst du dich in dieser Sache als gerecht, mein Idaos?

IDAOS Es sei so, mein Kastro, nicht anders.

SYROS Es wäre vielleicht an dem, daß ich mit ihnen, meinen getöteten andern Söhnen, im Reich der Freude und der guten Zeit lebte und ihrer und der guten Zeit froh wäre an Stelle eurer, die ich zu Unrecht genährt mit dem Blut und der Mühe meines Seins, ihr Gründer und Erhalter meines Stolzes, ihr, meine Söhne alle beide. *Zu* CELESTINE Verbrenne ihn nicht in deinem Leibe, den, der zu dir kommen und mit dir in der guten Zeit gedeihen will. Nie wirst du wissen, wessen er teilhaftig werden soll, er der zu dir kommt im Vertrauen, um deiner Hilfe und helfender Freude gewärtig mit dir in den Bereich der guten Zeit zu treten. Die Zeit ist erfüllet beiderlei: die Zeit ist erfüllet mit Gutem und anders ist sie erfüllet mit Bösem, wer sie erfüllet und durch wen die Erfüllung getragen und gebracht ist – wisset, das wisset ihr nicht.

KORNILOFF *und* ATLAS *kommen.* SYROS, IDAOS, KASTRO *ab*

KORNILOFF Hoheit – ich bitte, Euer Hoheit begrüßen zu dürfen.

CELESTINE Sie, Baron? Welche Überraschung, lieber Korniloff – auch Sie an diesem abgelegenen Gestade?

KORNILOFF Wahrhaftig, Hoheit, die Situation läßt sich nicht gut treffender präzisieren – »auch ich« – und »an diesem in Wirklichkeit abgelegenen Gestade«. So ist's – und so ist's aus Gründen und mit Aufträgen, die ich – wenn Eure Hoheit mir den flotten Ausdruck nachsehen will – spornstreichs Euer Hoheit bitte nach ihrer Ordnung und Beschaffenheit darlegen zu dürfen.
CELESTINE Immer zu, immer zu, je flotter desto besser, Baron – die Abgelegenheit des Orts ist so kräftigend, daß man auch einen Besuch ohne Gründe und Aufträge willkommen heißt.
KORNILOFF Allerdings, Gnädigste, ein so herzlicher Willkomm beschämt mich – doch wage ich sogleich Euer Hoheit zuzumuten, unter vier Augen von meinen Gründen und Aufträgen Kenntnis zu nehmen – ich bin entzückt, Euer Hoheit in Auswirkung der heilsamen Abgelegenheit des Orts so förmlich von Grund auf erfrischt zu sehen. Wo befehlen Sie, daß ich meine Botschaft gemäß den Direktiven und Erwartungen Seiner Hoheit, Ihres Herrn Gemahls, ausrichte?
CELESTINE Der Herr Generaldirektor hat mir einen schöngelegenen Empfangsraum zu schaffen gewußt, Baron, die Aussicht von da ist hinreißend – und niemand stört uns in der behaglichsten Plauderei als die Schuld, der wir teilhaftig werden können.
KORNILOFF – – Hoheit – ich verstehe nicht, ich bedaure, daß Euer Hoheit noch immer den alten Anwandlungen nachgeben.
CELESTINE *mit ihm abgehend* Nicht die alten, Baron, und durchaus keine bedauerlichen – – die gute Zeit ist angebrochen, wir müssen nur darauf achten, daß niemand zu Unrecht in eine böse Zeit gebracht wird durch unsere Schuld...

IV

Zimmer mit großem Fenster, Ausblick aufs Meer

Korniloff, Celestine

Korniloff Euer Hoheit dürfen das innigste Verständnis von mir beanspruchen, das ist strengste Selbstverständlichkeit...
Celestine Ansprüche und Strenge, Herr Baron? Sehen Sie die Heiterkeit dieser südlichen Weite!
Korniloff Dennoch, Gnädigste, inmitten dieser Südlichkeit... die Sie morgen mit all ihrer Heiterkeit weit zurücklassen... *Räuspert sich*
Celestine Morgen, Herr Baron?
Korniloff: Die Dampfer befleißigen sich einer, wie ich zugebe, in diesem Fall fatalen Pünktlichkeit.
Celestine Nun, Baron, ohne Umschweife – wer hat die Stunde meiner Heimkehr festgesetzt?
Korniloff Keine Festsetzung, Gnädigste, Seine Hoheit kalkulierte und nahm an... Die baldigste Gelegenheit trifft sicher mit der Stunde Ihrer Abreise zusammen, so vermutete ausdrücklich Ihr Herr Gemahl – also Annahme, oder besser, wohlbedachte Schätzung, Hoheit.
Celestine Wir können ein andermal davon reden, Baron, wirklich, ich habe keine Eile fortzukommen. Wie steht es zu Hause und was macht mein Mann?
Korniloff Sie haben durch Ihre Abreise ängstliche Regungen treuer Herzen und besorgter Seelen verursacht, Gnädigste. Wir kranken an Ihrer Abwesenheit – sozusagen, Hoheit.
Celestine Auch ich bin krank, Baron, ich suche Heilung und bitte Sie, mir meine Ruhe hier zu gönnen.
Korniloff Eure Hoheit haben nur zu befehlen, ich bin rest-

los – hm, als Euer Hoheit treuster Vasall – ich versichere Sie meiner beflissensten Entgegennahme Ihrer Befehle – Seine Hoheit sagte wörtlich: Korniloff, wohl verstanden, ihr Belieben, er meinte Euer Hoheit Belieben – ihr Belieben über alles. Jeder ist wie von einer Selbstverständlichkeit über die Einhelligkeit Euer und Seiner Hoheit außer Zweifel – er sagte: meine Frau erträgt keinen Aufschub, improvisiere alle Bequemlichkeit und sorge, daß keine Störung – hm – bagatellisiere mit deiner Voraussicht die Vorsehung selbst.

CELESTINE Aber ich reise wirklich noch nicht, Baron – ich fragte Sie aber, wie es meinem Manne geht.

KORNILOFF Die Erwartung, gnädigste Frau – hm – man weiß seit kurzem, es ist gradezu gang und gäbe – ein Ereignis, ein freudiges... alles was damit zusammenhängt hat natürlich manche Unruhe erzeugt – wirklich, Seine Hoheit quält sich mit freudiger und zärtlicher Besorgtheit.

CELESTINE Das ist erstaunlich, Baron – welch übereilte Unruhe – ein bißchen Unpäßlichkeit, gewiß, aber man legt es allzu vorteilhaft für mich aus – es ist doch wohl üblich, der Zeit zu überlassen, was sie zu tun und zu – lassen beliebt, nicht?

KORNILOFF Gestatten, Hoheit, daß ich einen Augenblick – derart, wissen Sie – meinerseits, Hoheit – welche Enttäuschung, nein, geradezu Bestürzung, würde das ganze Land befallen, wenn Euer Hoheit wirklich – was sage ich gleich – wirklich dieser tausendfachen Erwartung die baldige Erfüllung versagte!

CELESTINE Könnte der Takt nicht auch gebieten, daß die Erwartung das tut, wonach sie heißt, und wartet? Ist die so dringliche Frage nach dem, wovon Sie sprechen, nicht vorlaut, Baron? Sie überhörten meine Mitteilung, daß ich Erholung suche und Ruhe bedarf.

KORNILOFF Um so bedauerlicher, Hoheit, daß der Dampfer morgen früh schon...

CELESTINE Ich habe noch keine Zeit bestimmt, wie ich schon einmal, glaube ich, sagte, aber Sie überhörten es wohl – es soll kein Vorwurf sein, Baron, ich bitte lediglich darum, nicht zum drittenmal daran erinnern zu müssen.

Korniloff Ich bitte um gütigste Entschuldigung, gnädigste Frau, aber kein Überhören, nichts dergleichen Regelwidriges – – – meine beiden Ohren, darunter ein hervorragend hellhöriges – hm – indessen ist es nicht anders, als daß für Ihre Krankheit die von Seiner Hoheit betrauten Ärzte allein zuständig sind. Darum eben bin ich da, um die Heimkehr Euer Hoheit mit größtmöglicher Schonung und allem Komfort für *Flüsternd* Mutter und Kind auszustatten. *Schwellend* Schon umgibt der Nimbus einer hohen Geburt das noch verborgene Wesen. Der bloße Begriff des Erbprinzen steht vor vollzogener Gestaltwerdung hochdessen *Haucht* im Glanze da.

Celestine Nun gut, Baron, ich danke Ihnen für so bewiesenen guten Willen. Sehen Sie sich um an diesem glücklichen Gestade und wenn es dann so weit ist, daß ich Ihre Bereitschaft in Anspruch nehmen muß... *Will ihm die Hand geben*

Korniloff *tritt zurück, verbeugt sich* Ich bin in der peinlichen Lage, andeuten zu müssen, daß ich laut Anweisung Seiner Hoheit eine Verabschiedung durch Eure Hoheit nicht anzunehmen habe.

Celestine Sondern?

Korniloff Sondern die Durchführung seines Auftrages auf dem direktesten Wege zu erzw... pardon, zu bezwecken habe.

Celestine Und dann, Baron, was hat Seine Hoheit weiter verfügt?

Korniloff Alles Weitere, meine liebe Hoheit, hat sich eigenwüchsig aus meinem besten Ermessen zu formieren.

Celestine Man wird doch auch wohl daran denken, mich zu lehren, wie ich ohne zu atmen lebe, da ich – ich und – nun: wir zu gedeihen bestimmt sind? Man entzieht mir die erste Notdurft, so unentbehrlich wie die Luft zu atmen – in welcher Art Freiheit soll sich mein Herz regen, wenn mir mit Fleiß eine Wirklichkeit zugewiesen wird, die nur eine böse werden kann – – –?

Kornilxoff *will sprechen.*

Celestine *unterbricht* Wenn Ihr Ermessen so viel gilt, Baron – Sie sprachen vom Nimbus der hohen Geburt –, ich will nicht fragen, in wessen Augen diese hohe Geburt eine bemakelte sein wird, man wird es eine solche nennen. Wer so sprechen darf, wie gesagt, ich will nicht forschen, aber alle, die es wagen, dürfen es in Wahrheit und unverdächtiger Ehrlichkeit wagen. Alle Anweisungen Seiner Hoheit können nicht hindern, daß möglicherweise eine Schuld aus Ihrem Ermessen erwächst, der Sie teilhaftig werden. Was wollten Sie sagen, Baron?

Kornilxoff Schuld ist ein schweres Wort, Hoheit, und schuldige Möglichkeiten lauern auf allen unsern Wegen. Ich handle nach meinem innigsten und strengsten Ermessen und so bleibt mein Gewissen so schlecht und so recht, wie die gepriesene Unvermeidlichkeit mit sich bringt.

Celestine Das ist ein gutes Wort, Baron, auch ich handle nach strengstem Ermessen, gleich Ihnen – und wer so handelt, dessen Gewissen ist immer in schlechter und rechter Verfassung.

Kornilxoff Es handelt sich doch wohl um die Zukunft des allerseits erhofften Erbprinzen, darf ich erinnern.

Celestine Ein Kind Seiner Hoheit, wie Sie wissen eines kranken Mannes, somit ein verdorbenes Wesen, dessen Kommen nur die Lüge willkommen heißen könnte.

Kornilxoff Die Krankheit Seiner Hoheit...

Celestine ... ist mir verheimlicht, Herr, ahnungslos, wie ich war, habe ich ohne Arg die Art von Glück hingenommen, in das man mich bettete.

Kornilxoff Sie sind außer sich, Hoheit, um so mehr...

Celestine Aber ich bin ganz hervorragend hellhörig geworden, Baron, ich höre mehr als Sie ahnen. Was bin ich noch weiter als eine Karte beim Spiel in Ihrer Hand?

Kornilxoff Das Leben spielt, Hoheit, nicht ich – auch ich bin Karte in der Hand, die nach unbekannten Regeln spielt, und Eure Hoheit hat nur den Vorzug, eine hohe Karte im Spiel zu sein. *Klopft auf den Tisch* Eine Hand mischt das Spiel, in eine Hand kommt man, eine Hand spielt aus, eine Karte sticht die andere. Beugen wir uns der über uns gebietenden Notwendigkeit, liebe gnädigste Hoheit, das Spiel geht seinen Gang gegen unser Wehren und Wägen – und was der Spieler erspielt, da fragen Sie den Wind am Himmel, der pfeift Antwort und Sie können den Reim darauf machen – am Ende haben Sie sich die Antwort selber gegeben. Wir wissen nichts!

CELESTINE Nichts, Baron? So viel doch wohl, daß keine abgefeimteste Auslegung den entschuldigt, der mit Wissen einer Schuld teilhaftig wird – und dann noch eins, Herr Baron, können Sie mir sagen...

KORNILOFF Sprechen Sie, Hoheit.

CELESTINE So lange ich lebe, was empfange ich da – dann empfange ich Leben, aber wenn ich sterbe, was wird dann?

KORNILOFF Beste – was heißt das, wohin verirrt sich Ihre Besinnung, welche Mühe könnte eine Antwort auf solche Frage zustande bringen!

CELESTINE Keine Mühe, Baron, solches Wissen kommt durch die Ritzen des Bewußtseins geblitzt – und mir kam es, als Sie sagten: man weiß nichts. Man weiß doch: wenn ich gestorben bin, so bin ich selber Leben und empfange keins mehr. Das ist der Unterschied zwischen Tod und Leben – und dem zu erhoffenden Erbprinzen geht es dann wie mir, und das ist eine beseligende Hoffnung.

KORNILOFF Aber – aber, mir schwindelt, Euer Hoheit – ich greife mit den Händen um mich und fasse Leere...

CELESTINE Was Sie sagen, Baron, nichts ist natürlicher. Das Kreuz hier, sehen Sie, war einst ein goldenes Ding, ein gutes Ding, nun ist es das Gute selbst. Ist es nicht ganz unaufschiebbar, daß jedes Ding zu seiner Wirklichkeit kommt? Aber nicht jede Wirklichkeit ist gut. Wenn sie böse ist und in mir wächst, so werde ich schlecht, und es wäre besser, ich stürbe, als daß die schlechte Wirklichkeit in mir groß wird.

Korniloff *mühsam beherrscht* Somit steht Euer Hoheit morgiger Abreise nichts entgegen – ich werde trachten, Euer Hoheit die Fahrt zur angenehmsten Ihres Lebens zu machen.

V

Ansteigendes Gelände, Gebüsch

Celestine *und* Ambrosia

Ambrosia Nicht länger so hastig, Hoheit, es dämmert und – *Schaut hinter sich* ersparen Sie sich, daß unsere Wächter mahnen und Ihnen eine peinliche Rückkehr aufnötigen – der Mond wird zusehends röter – – –

Celestine Ich sah ihn längst – vollrund wie er ist, aber zwischen Taghelle und Dünsten verborgen. Er belauert unsern Weg, Ambrosia, grade wie unsre Wächter sich im kühlen Anschein berechneter Anteillosigkeit hinter uns halten – zu – zu! Es ist so: er bewacht mich mit seinem riesigen Auge – o, dieser Mond, tut nichts als hinter uns herschleichen, er mißt mir den Weg nach, daß ich mich entsetze – und entsetze mich in dem Gefühl, daß er ihn mir auch vormißt – ich fürchte den Mond, Ambrosia.

Ambrosia Ihre Empfindlichkeit ist schrecklich übersteigert – ach, Hoheit!

Celestine Ich kann nicht anders, selbst, wenn ich rechne und meine Wege verberge – er rechnet genauer als ich und steht schon da, als warte er auf mich, als wüßte er, wohin es geht – – –

Ambrosia Ja, er mißt uns Frauen mit seiner Elle unsere Meilen.

Celestine ... als wüßte er, wie lange ich brauche, um da anzukommen, wohin er mich haben will – angekettet, Ambrosia, da hilft kein Bangen und Fragen, er hat Rechte über uns und zeigt eine Miene, als wäre er nicht gewillt, davon nachzulassen – grade, als trüge ich, was ich trage, für ihn und nicht aus meiner Freiwilligkeit – bin ich ihm verantwortlich – oder dem, den es am meisten angeht?

AMBROSIA *Hält sie fest* Sie gleiten schon, Hoheit, und wenn Sie so weiter gehen – – Der Abhang, sehen Sie doch!
CELESTINE Ich will nicht sehen.

   Sie ringen.

CELESTINE Wer bist du, Ambrosia, und sag, was hast du mit mir zu schaffen?
AMBROSIA Hoheit ehren mich, so zu fragen, ich danke Euer Hoheit.
CELESTINE Ich will es wissen, Ambrosia, – und nichts weiter von Hoheit, hörst du: Wer also bist du?
AMBROSIA Ich – o, nur eine Verlorene, eine Unwerte, fast Niemand.
CELESTINE Aber das ist nicht alles!
AMBROSIA ... ein glücklicher Niemand, eine beneidenswerte Unwerte ...
CELESTINE Ich kann warten, Ambrosia, du selig Verlorene.
AMBROSIA Was weiß ich denn von mir, ich, ich bin ein Ding, das nichts glauben kann und ebenso nichts – nicht glauben.
CELESTINE Warum so – beinahe bitter, und doch ohne Wehleidigkeit?
AMBROSIA Ich geh so hin und her, leicht verwundert, und fühle selbst kaum, warum ich mich wundere.
CELESTINE Selbst kaum, aber über was kommt bei angeregter Rede ein leichter Bogen und Falte um die Mundwinkel geschlichen – taucht auf wie das Schwänzchen eines verborgenen Schlängleins, das da schlüpft und wieder verschwindet ...?
AMBROSIA Es wird mir nicht klar, ist es Scherz oder Ernst mit mir.
CELESTINE Bald ist bei dir wie Licht, bald wieder Schatten – du bist geschreckt, getröstet, ohne Arg und wieder bänglich und bewegt ...
AMBROSIA Und dabei – ja, Hoheit, bewegt, bald bänglich, bald getrost – sehen Sie, ich kann kein Kind haben, es kommt keins zu mir. Es gab eine Zeit, wo ich mich davor fürchtete – aber jetzt schäme ich mich, keine Seele aus der

weiten Welt hat das Vertrauen zu mir – von meiner Seele wünscht keine andre einen Teil, um sich daraus Freude oder Kraft oder Trost zu gewinnen, keine kommt zu mir in Erbarmen, um mich zu segnen...

Sie gehen Arm in Arm weiter und verschwinden hinter Felsen. SIBYLLE, VOLRAD, EGON

SIBYLLE Wißt, wir entrieren hier Mondscheinwildnis zwischen den Büschen, so gewagt es irgend angeht – es ist zauberhaft, wie viel lieber ihr mir seid, wenn ihr das Ziegenfell überkriegt und eure Ausströmung sich vom Duftigen zum Anrüchigen ändert. –

EGON Und was für eine Rolle bekomme ich in der Mondscheinwildnis zugewiesen, die des verständnisinnigen und konzessionierten Voyeurs?

SIBYLLE Volrad ist nun mal beglückender Besitzer des Mantels – der ist's, der aus dem Busch hervorstürzt, eine einzig lodernde Flamme wohlverstanden, stürzt, mich fängt, mich knebelt, ins Gebüsch schleppt und mich in Gefahr bringt, von der einzig lodernden Flamme verzehrt zu werden. Du, Egon, kommst dazu und dann siehst du zu, was deine Flamme deinerseits vermag, du spielst den vorerst uneigennützigen Befreier und – na, da rauft ihr brav um mich, das Opfer der verführenden Mondscheinnacht. Schön bin ich bei Sonnenlicht, schöner bei Mondschein und am schönsten als die hingebettete Beute der Unbezähmbarkeit. Seht zu, Buben, die weise werden wollen! Da gehe ich hin, da wandle ich sinnend und selbstversunken zwischen brunstbergenden Büschen *Trällert* Wie so selten sind, wie so selten sind, Nächte wie aus Märchenzeiten...

Ab ins Gebüsch

VOLRAD Hat man schon so was gehört – so plitzplatz eine Vergewaltigung aus dem Stegreif? *Gibt* EGON *den Mantel* Mir wird übel in dem Ding. Das und was danach kommt, können sich meine Nerven nicht leisten, nimm den Mantel, ihr ist's gleich, wer drin steckt, wenn's nur im Heirassasa geschieht und die richtige Wildheit mit erwünschter Wüstheit über ihr zusammenschlägt – meine Magennerven können mit meinem Genie nicht mit, weißt du!

SIBYLLE *kommt zurück.*

SYBILLE Hört, Jungen, nun sollt ihr erst recht gescheit werden – aufgemerkt: wie ich unter den Büschen hinstreiche, sitzt da wirklich ein Mensch, sitzt und sieht just aus wie er aussehen müßte, wenn es der Rechte wäre – da seht selbst zu, was ihr beschließt und tut was ihr wollt, seid wüst oder weise, ganz ungeniert!

Zurück ins Gebüsch

EGON Da haben wir's, kaum wird Wüstheit pomadig, wirft sie sich in Positur und macht Ernst. Was nun, Volrad?
VOLRAD Weise oder wüst – ich stimme für weise!

1. WÄCHTER *von der andern Seite*

1. WÄCHTER Kommt mal ran, ihr zwei – oder seid ihr Herren?
EGON Getroffen – Herrn, die Herrn sind und bleiben, absolute Herrn, A-V-Herrn!
1. WÄCHTER Ja, bei diesem Scheißlicht soll man das auseinanderhalten, Herrn und Gesindel! Ihr habt natürlich die Dame nicht gesehen, wo wir aufpassen sollen?
VOLRAD Die hat sich einer im Gebüsch gegriffen, da sieh zu und paß gut auf, was da passiert.
1. WÄCHTER Das ist mein Kamerad, der da hockt, der wird sich doch nichts herausnehmen gegen die Dame? Deubel, Deubel, dem muß ich auf den Dienst sehen, wir sind im Amt.

Ab ins Gebüsch

EGON Das hat sie nun davon, das wird eine regelrechte Katzbalgerei abgeben. Du, da sind wir weise, wir zwei, was?
VOLRAD Mein Magen ist rabiat für weise, komm und laß den Mantel fahren, daran mag sie sich schadlos halten, wenn die zwei sich mit ihren Flammen gegenseitig fressen!

Beide ab
1. WÄCHTER *kommt hervor, sieht sich um, hebt den Mantel auf.*
SIBYLLE *mit dem* 2. WÄCHTER

1. WÄCHTER Ab im Trab, Fräulein, davon wie gefegt – aber die andere Dame ist ebenso abgängig.
SIBYLLE Die – da sei getrost, die hat's kalt gekriegt, die ist zart und empfindlich, die sitzt daheim und braucht keine Wache.
1. WÄCHTER Das ist ein Verlauf, vor dem man nicht wegläuft, hä, was sagst du, Peter?
2. WÄCHTER Wenn das Fräulein hier im Mondschein spazieren will, mein ich, muß man ihr dabei helfen. Gehst du nach Haus, Peter?
1. WÄCHTER Wir wollen uns in die Mühe teilen, ich helf dir beim Helfen, Peter.
SIBYLLE Häng den Mantel um, Peter, er steht dir gut, so wie du gebaut bist, ist er wie für dich gemacht...

Alle ab. CELESTINE *und* AMBROSIA

CELESTINE Geh nun heim, Ambrosia, du bist müde.
AMBROSIA Nicht ich bin es, die frisch zu bleiben hat – Ihre Abreise ist auf morgen mit dem frühesten angesetzt – und ich darf nicht ohne Sie heimkehren.
CELESTINE Ich, *Deutet zum Mond* meinen Wächter zur Seite, erfrische mich grade beim Wandel in der Kühle des Abendwindes. Wahrhaftig, Ambrosia, du hast mir zu denken gegeben. Dein Wort vom Vertrauen, das die Seele sucht, und die da kommt, sich zu erbarmen und Erbarmen zu finden, ja, das gibt zu denken. Ein Vertrauen bedarf eines andern, eine Seele, die Erbarmen bringt, will selbst Erbarmen, aber wohlverstanden, echtes Erbarmen, kein Gewese in Zimperlichkeit, aber eins, das Prüfung verträgt und nicht zur Not in Schwäche bewährt. Die Seele, die zu mir kam, dich hätte sie suchen sollen und hätte bei dir reiches Erbarmen gefunden.
AMBROSIA Ach, erlauben Sie, es mir zu sagen – Sie Arme!

Aber ich bin so dreist und frage Sie, gehen Ihre Gedanken nicht zu steile Wege?

CELESTINE *unterbricht sie* Als wir miteinander kämpften am Abhang und du mich zerrtest und zogst und meinen Leib nicht ließest mit deinen reißenden Händen, da bog es sich zu dir hin, als wollte es fort von mir zu dir und es war meiner ein Teil, das begehrte, ich solle es fahren lassen.

AMBROSIA Hoheit...

CELESTINE Laß es nun das letzte Mal gewesen sein, Ambrosia, du – du bist in der wahren und angeborenen Hoheit, und ich bin es, die Ehre gibt. Geh und ruhe, ich weile noch ein wenig auf Wegen, die der Böse bewacht. *Zeigt zum Mond* Sieh, wie böse er ist und wie er sich vermißt, mich im Gehorsam zu halten. Laß ihn rechnen und messen, er verrechnet sich und wird sich vermessen. *Sie küßt* AMBROSIA, *drängt sie zurück und eilt schnell davon, halblaut mit zitternder Stimme* Sie kommt, sie ist da, da ist die gute Zeit, die leichte, gute Zeit ist da! *Ab*

> AMBROSIA *steht erschrocken und sieht ihr hilflos nach.*

VI

Sternhimmel, Bergwand, bewachsen mit Wacholdersträuchern, deren menschenähnlicher Wuchs im Dunkeln wohl die Vorstellung einer Ansammlung von Leuten hervorbringen kann, die einzeln oder in Gruppen herumstehen. Dazwischen liegende und ragende Felsen. CELESTINE *ist zwischen ihnen fast unkenntlich.* SIBYLLE *kommt, mit Blut besudelt, vorsichtig näher.*

SIBYLLE Man denkt, es ist einer von den Sträuchern und Felsen – und jetzt, da Sie das Gesicht wenden und der Mond darauf scheint, so erkenne ich Sie, Hoheit.

CELESTINE Es war mir danach, ich fühlte mich zum Baum werden und nicht ungern ging ich in solches Sein hinüber, sehen Sie, wie wir alle ein Stück Welt sind – wie hätte ich ahnen können, daß bloßes Sein so zufrieden machen kann! *Erschrickt* Mein Gott, Ihr Gesicht, Ihre Schultern, Arme, Hände, Brust, Leib – alles blutig, überall!

SIBYLLE *würgend* Zwei Kerle, Hoheit – ich wurde überfallen und einer war von den Wichten der stärkere und schlug den schwächeren nieder. Sie balgten und er, der stärkere, der mich danach packte und zu Boden riß, hatte die Hände voll Blut und – –

CELESTINE Hätten Sie denn nicht fliehen können, während sie rangen, Fräulein, standen Sie denn dabei und nahmen sich die Muße, zuzuschauen?

SIBYLLE Ja, ich wartete ab. Aber dann, als er aufstand, anzusehen wie ein wirklicher Mörder, voll Blut und Funken im Blick, da wollte ich wohl, aber konnte nicht mehr fortlaufen, es war zu spät.

CELESTINE Nun, und wie kamen Sie davon?

SIBYLLE Er beschmutzte mich über und über, und am Ende schlug er mich und fluchte und schrie...

CELESTINE Was?
SIBYLLE Schrie und schneuzte sich und wischte sein Gesicht mit den blutigen Händen.
CELESTINE Ließ Sie also los!
SIBYLLE Ja, stieß mich weg und rief hinterdrein: scher dich, du, ab im Trab, fort und sei verflucht. Du bist den Zahn nicht wert, den mir mein Kamerad ausgeschlagen hat, du bist den Zwirn nicht wert, daß mir meine Frau die Kleider flickt – ja, Hoheit, da lief ich, da lief ich! *Weint, ausbrechend* Aber schön war es, schön war es doch! Ich dachte immer, er würde mich umbringen – ich glaube, ich blute selbst, wer weiß, von wem das Blut kommt, von mir oder ihm – oder dem anderen. Ist es blutiger Rauch vor meinen Augen, oder ist der Mond wirklich so rot, eine Blase voll zum Platzen?
CELESTINE Ja, rostiger Rauch zieht ringsum und er sinkt hinunter und hängt im Trüben.
SIBYLLE Ja, er sinkt – ich sah ihn am Mittag wie ein Milchglasscheibchen oben im Himmel, jetzt sinkt er geschwollen hinein ins Weiche – sieht es nicht aus, als wollte er die Welt schwängern, seine Rundung strotzt im Krampf und gleich wird er es über sie ausleeren und uns und alle Welt besamen – Wunder, wie die himmlischen Keime über uns herfallen werden, Hoheit! Allmonatlich solch eine Sündflut von Sämlingen über die Welt – sind wir Irdischen nicht alle himmlisch ausgesät? Mir ist's einerlei, wie ich bin, so bin ich, ich fühle mich direkt vom Himmel entstammt, Hoheit! All dies Blut kommt von oben, ob meins für sich in seiner Röte oder gemischt mit der Röte aus den Kerlsleibern, alles vom Himmel, vom roten Himmel gerieselt. Abgeartet oder ausgeartet, Baum und Strauch, alles und alles wie wir selbst. Wird's ein Busch, so wird's kein Mensch, wird's ein Mensch, so wird's kein Fels. Ich fühle mich nicht berechtigt, dem Himmel ins Handwerk zu pfuschen und mich mit Schaffen abzugeben, was er besorgt so gut und gern – warum es ihm nachtun, und nicht einmal gern?
CELESTINE Ist die gute Zeit auch himmlisch geartet, wie ist es damit, Fräulein, wessen Kind ist sie, oder sind beide eines Vaters, die gute und die böse?

SIBYLLE Das ist eine schwere Frage, Hoheit, ich weiß keine Antwort darauf, als daß wir's auslegen nach Vermögen und Umständen – ist uns wohl, so behagen wir uns in der guten Zeit, ist uns übel, so mißfallen wir uns in der bösen. Die Zeiten sind in uns und nicht wir in ihnen.

CELESTINE Himmel, ja, du hast Recht, o, wie Recht du hast, wir sind eins mit der Zeit, eins mit der guten, eins mit der bösen, und wie wir, so sind die Zeiten und die Zeiten sind wie wir. O, wie unaussprechlich glücklich, wie zufrieden macht es mich, der selbst zu sein, der sich Gutes schafft, alle Angst ist dahin, dahin in der Flut des Vergehens von allem Bösen. *Zeigt auf den Mond* Sieh, sein Auge ist trüb und blind, er wacht nicht mehr und sein Kopf ist dumm und schwer geworden *Tanzt* Alles und alles ist gut und reine Güte, wenn ich gut bin, und alles ist gut und reine Güte, wenn keine Angst das Böse ruft – nur still, nur still, nur das Böse nicht gerufen, nur nicht ins Böse kommen mit der Angst, die allein das Böse bringt...

SIBYLLE Aber Sie können doch hier nicht bleiben, Hoheit, der Mond ist im Untergehen, es finstert um uns und wir müssen suchen, an unsern Ort zu kommen. Ich fange an, mich zu fürchten, mir deucht, die Bäume dahinten sind nicht die alten, sie wollen fast nicht mehr stillstehen, machen sich zu schaffen, ich fürchte mich entsetzlich. Sollten die Beiden, die von vorhin, sich nicht am Ende darauf besonnen haben, daß sie es verantworten müssen, wenn Sie ausbleiben?

CELESTINE Ich trotze der Furcht, in mir ist gute Zeit und gute Zeit leidet nicht Furcht. *Lacht laut*

SIBYLLE Es ist fürchterlich, wie Sie lachen, Hoheit!

CELESTINE Ich kann mich auch leise freuen. *Kichert* Ich lache, und muß lachen über mich selbst, wie ich vordem war und mit den Monaten rechnete, wie ich wähnte, in der bösen Zeit zu sein und mit ihr bis an den bösen Tag zu kommen – ade – ade – ich rechne nicht mehr, und wer mir nachmessen will, vermißt sich – ja der Mond ist unter und fort mit ihm und seinem Wächtergang auf immer!

Man sieht Gestalten. Sibylle *entweicht,* Celestine *nimmt ihre frühere Stellung ein.* Syros *und* Idaos, *letzterer mit einer Last*
Syros *deutet umher.*

Idaos   Ich verstehe es, mein König und Vater – und so ist es wohl an dem, daß dieses der Ort war, wo du, mein König und Vater, vordem deine Söhne, meine Brüder, aus der bösen Zeit in ihre vormalige, so ihnen gemäß, zurückwiesest.

Syros   Es ist wie du sagst, Idaos, mein lieber Sohn, nicht anders.

Idaos   So nimm danach diesen, meinen jüngsten Sohn und weise ihn wie vormals meine Brüder in die ihm gemäße Zeit zurück. Denn die Nahrung und Aufzucht seines Lebens ist Walten über die Kraft meiner Arme – nimm ihn hin und tue desgleichen wie vordem an ihnen, da dieses Werk ein solches ist, daß ich es nicht vermag.

Syros   Idaos, mein bester Sohn, auf den ich stolz bin, sage mir an, wo ich die Kraft gewinne zu dem, so meine mir von dir gegebene Bestallung ist.

Idaos   Dieser Ort wird willig sein, heute wie vordem, zu tun, was die Not heischt.

Syros   Es ist an dem, daß der Ort willig gewesen ist, und an dem, daß er willig ist heute wie vordem. Aber es ist nicht an dem, daß ich die väterliche und königliche Willigkeit habe, zu tun, was die Not erheischt. Ich bin des Wissens unsicher geworden, so von der guten und bösen Zeit weiß, daß sie ist oder daß sie nicht ist. Es ist damit nicht desgleichen wie vordem.

Idaos   Es ist damit so wie deine königliche und väterliche Einsicht beschaffen ist, aber welches ist die Beschaffenheit des hinlänglichen Grundes deiner Einsicht?

Syros   Höre danach, Idaos, da du fragst, auf welchen hinlänglichen Grund ich mich berufe. Ich, dein und deines Bruders Kastro Vater und König, den ihr zurückgerufen, bleibe wie vordem in der meinen guten Zeit, die da ist kraft meiner Einsicht und der Gewalt meines Wissens. Durch ihre Gewalt erkenne ich, daß es an dem ist, daß wir unserer Zeit mächtig sind, Idaos, und gleich wie die Mutter ihr Kind, die gute Zeit und die andere, die böse, in uns schaffen, zu unserer eigenen Notwendigkeit.

IDAOS Dieser hinlängliche Grund betrifft dich selbst mit seiner königlichen und väterlichen Gewalt. Aber wie denn betrifft er was ich zur Hilfe meiner Not und zur Erleichterung der bösen Zeit begehre?

SYROS Das Kind, Idaos, das ich aus deiner Hand empfangen soll, ist nicht teilhaftig des Seins in deiner, seines Vaters Zeit, sondern seiner eigenen, ihm beschiedenen Zeit in sich. Ergründe, Idaos, ob es sich ziemt, da es vielleicht der guten Zeit teilhaftig ist, es aus dieser seiner guten Zeit zu verweisen.

IDAOS Zu ergründen, was du der Gewalt meiner Einsicht zumutest, ist mir nicht zuteil geworden, ich bin in Ergründung solcher Frage ungeübt und muß ihrer entsagen, wie du vernimmst.

SYROS Danach weisest du den Grund meiner hinlänglichen Einsicht zurück und gebietest mir, deines Begehrens Erfüllung zu vollbringen?

IDAOS Dazu habe ich dich bestimmt und nicht zur Ergründung meiner Not und ihrer Schwere. Handle wie ich dich angewiesen habe. Der Ort, der der rechte ist, hilft dir in deiner erfahrenen Willigkeit. *Drängt* SYROS *die Last auf* Der, den du in deinen Armen hältst, mein jüngster Sohn, ist der nächste in der Reihe derer vor ihm, denen Nahrung und Aufzucht nicht zuteil werden kann.

> IDAOS *ab*
> SYROS *schaut* IDAOS *nach, wendet sich langsam und verliert sich hinter Felsen.* CELESTINE *will ihm nach, stockt jedoch, indem ihre Blicke sich an den gestirnten Himmel heften. So bleibt sie regungslos und da sie endlich um sich sieht, steht* SYROS *ohne Bündel vor ihr.*

CELESTINE Ich höre seufzen, seufzen wie ein verlöschendes Fünkchen haucht – ist es die gute Zeit, die von solcher Beschaffenheit ist, daß es aus ihr seufzen muß?
SYROS Wohl dem, der sie in sich schafft, und schafft sie in sich, wie eine Mutter ihr Kind zur Gestalt werden läßt.
CELESTINE Es wispert eine Frage durch die Luft, die Sterne stehen reglos, es ist vor der wispernden Frage in der Luft und im ganzen Himmel still geworden. Niemand weiß eine Antwort, alles wartet, aber es kommt kein Wort.
SYROS Es ist nicht an dem, daß ein Wort nötig wäre, darum kommt kein Wort.
CELESTINE Eine Stille starrt, Erwartung hebt den Lauf der Dinge auf – ein Wort soll geboren werden und Gestalt haben, gleichwie eine kindliche Gestalt von einer Mutter – die Welt will ein Wort.
SYROS Es ist mit nichten not, daß ein Wort geboren werde, darum wird kein Wort geboren.
KASTROS STIMME Syros, der König! Der Hochzupreisende, der im Dunkel dahinwandert, der da weilt in der versteckten Späte, Syros wird gesucht!
SYROS Es ist die Stimme Kastros, mein Sohn ist es, dessen Stimme den Namen seines Vaters ruft, dessen, der in der versteckten Späte dahinwandert.
KASTRO *mit einem Hund* Es ist keine Verborgenheit in der dunkeln Späte. Der da König ist, Syros mein Vater, kann nicht in Unsichtbarkeit dahinwandern. Sei gegrüßt, der du bist, den ich suche.
SYROS Du fandest ihn, den du suchtest, Kastro, mein Sohn, der Sohn, von ihm, dessen Name nicht verborgen bleibt in der versteckten Späte.
KASTRO Höre mich, mein Vater, höre deinen Sohn, der da kommt, dich zu finden, um deines Rates zu begehren, der deiner Hilfe bedarf.
SYROS Suche und finde und begehre, Kastro, mein Sohn.
KASTRO So erinnere dich dessen, was da geschah, als am Tage der Gleiche von Helle und Dunkelheit meine und Idaos' Söhne, deine Sohnessöhne, mit den Söhnen Dahschurs aus

Rifeh, das da liegt hinter den Steinen von Kampos, zusammentrafen. Sie trafen zusammen und begannen ein Wettspiel ihrer Kräfte, und Vaphio, mein Ältester, schlug mit dem Stock Amyklai, den ältesten Sohn Dahschurs aus Rifeh, und streckte ihn zu Boden also, daß er nach Empfang seiner Wunde nicht mehr zu leben vermochte. Siehe, mein König und Vater, es geschah heute, daß die Männer von Rifeh eintraten in mein Haus, wo ich am Tisch saß mit Patsofa, meinem Weibe, der Tochter Praisos', unseres Nachbars, standen in Haufen und begehrten von mir den Leib und das Leben Vaphios, meines Ältesten, den Leib, um ihn ans Kreuz zu schlagen, und das Leben als Sühne und Opfer für das Leben Amyklais, den er schlug, daß er nicht leben konnte.

SYROS Ist es an dem, daß die Männer von Rifeh in Haufen eintraten und stehen bei deinem Hause und begehren den Leib Vaphios, Kastro, mein Sohn, so begehren sie was Recht ist, zu begehren. Gib ihnen Vaphio dahin, wie es sich gebührt.

KASTRO Es ist so, daß was die Männer von Rifeh begehren, recht begehrt ist, mein König und Vater, aber höre weiter, was geschah und wie ich dem Haufen der Männer von Rifeh begegnete. Ich bot ihnen für den Leib und das Leben Vaphios statt seines blutreichen warmen Leibes einen andern als Ersatz und Sühne für Amyklai, den er schlug. Für Vaphio, der seines blutreichen Leibes in so böser Zeit, deren er wie ich und Idaos, mein Bruder, zu Unrecht teilhaftig ist, bedarf. Darum kam ich dich zu suchen und fand dich, mein Vater und König, in der versteckten Späte, daß du vernimmst, was ich sagen will.

SYROS Du bedarfst für den blutreichen und warmen Leib Vaphios als Sühne und Opfer eines andern Leibes, und was du bedarfst, bedarfst du mit Recht.

KASTRO Der Haufen der Männer von Rifeh vernahm, was ich ihnen darlegte, sie saßen nieder in meinem Hause und berieten sich, wessen sie schlüssig werden wollten. Danach wurden sie schlüssig und einig und setzten die Stunde fest, vor

deren Ablauf sie für den Leib und das Leben Vaphios ein anderes zu empfangen Geduld haben wollten. Deines, mein König und Vater, der du eine kümmerliche Fülle Blutes in schlaffen Schläuchen bewahrst, waren sie einverstanden, für Vaphios blutreichen Leib anzunehmen. Ich habe Patsofa, meinem Weibe, befohlen, ihnen so lange Gastfreundschaft zu gewähren und bin selbst, mein König und Vater, gekommen, dich zu suchen und zu finden, denn dein bleibt die königliche und väterliche Schuld an meinem und meines Sohnes Sein, das ein Sein von hündischer Beschaffenheit ist, also daß es billig ist, daß du dein königliches und väterliches Leben hingibst für Vaphio an Stelle eines Anderen oder Besseren.

SYROS Vernimm nun, Kastro, die Antwort meines väterlichen und königlichen Mundes. Geh hin, Kastro, und versuche zu ergründen, ob dein Spruch und Urteil über meine Schuld an deinem Leben, das ein Leben von hündischer Beschaffenheit ist, wohlgetan ist, und ob ich ein schuldiger Urheber heißen muß, ich, der sein eigenes Leben von seinem eigenen Urheber erhalten hat.

KASTRO Deine königliche und väterliche Schuld ist so beschaffen, daß sie mir mein hündisches Leben gegeben hat. Deine Frage zu ergründen ist nicht Ort und Stunde recht, denn vernimm, Vaphio lebt in seiner grausamen Angst und wie ihm schlottern meine Glieder vor Angst um ihn – vernimm, daß ich nicht ein solcher Vater bin, daß ich ihn sterben sehen könnte, und so werfen meine Hände die Schuld an unserer Angst auf dich, mein König und Vater, und meine Seele ringt um Atem, daß sie nicht vergehe. Es ist an dem, daß der schuldige Urheber an meines und meines Sohnes Sein des Todes wert ist.

SYROS Ich ergründe nicht den Wandel und den Willen der Sterne, Kastro, und ich ergründe nicht den Willen des Seins. Schweigen ist in dem unzähligen Gewimmel der Sterne und kein Wort und Leuchte ist vor uns auf unserem dunkeln Wege.

KASTRO Und doch ist ein Wort und dies Wort schreit in meiner Seele. Die Schuld ist gekommen und die Schuld ist da, welches ist die Schuld an dem Sein im hündischen Leben.

Neige dein väterliches und königliches Ohr zu mir und vernimm das Wort, das über dem Schweigen des unzähligen Gewimmels der Sterne tönt.

SYROS Wenn denn ein Wort ist, das da laut werden will, so sprich es aus, Kastro, mein Sohn, daß ich es höre.

KASTRO Sollte es sein, daß die Teilhaftigkeit an dieser Zeit und an diesem Sein in Wahrheit ein Wohl und Glück ist, so bist du ein väterlicher und königlicher Mörder an deinen vor uns von dir aus dem Leben gewiesenen früheren Kindern. Und es ist so, daß die Sterne schweigen zu dem Wort und das Wort zwischen Himmel und Erde stehen bleibt wie ein Hammer, der auf deinen Kopf fallen will. Und soll es anders sein, daß die Teilhaftigkeit an dieser Zeit und an diesem Sein in Wahrheit kein Wohl und kein Glück ist, sondern Unheil und Ungemach, so bist du ein väterlicher und königlicher verruchter Übeltäter an uns, deinen lebenden Söhnen, die zu Unrecht am Sein in der bösen Zeit teilhaben. Und es ist so, daß die Sterne schweigen zu dem Wort und das Wort zwischen Himmel und Erde hängen bleibt wie ein Stein, den die Hand, so ihn hält, fallen läßt, auf daß er dir den Kopf zerschlage.

SYROS Und so, Kastro, ist das Wort deines Mundes der Hammer, der nach meinem Kopfe schlägt, sofern ich nicht einwillige, für Vaphio, deinen Sohn, den Kreuzestod zu sterben?

KASTRO Mein Wort ist der Hammer und der Stein, so die Schale deines Hauptes zerbrechen werden, wenn du nicht einwilligst, den blutreichen Leib Vaphios mit deinem Leben durch königlichen und väterlichen Kreuzestod zu erlösen.

SYROS Ist danach das Wort deines Mundes ein Hammer und desgleichen ein Stein, um die Schale meines Kopfes zu zerbrechen, so willige ich ein, daß du gehst und eilig heimkehrst zu ihm, den ich durch meinen königlichen und väterlichen Kreuzestod erlösen will, zu Vaphio, der in grausamer Angst der Botschaft harrt.

KASTRO *eilig ab*

CELESTINE Ich schaue und sehe mit meinen Augen – es steht wirklich ein Wort, dennoch steht ein Wort, eines Wortes Gestalt ist vor meinem Blick, und es steht da in gewordener Wirklichkeit. Sein Fuß ruht auf der dunklen Erde und seine Spitze rührt an das unzählige Gewimmel der Sterne, und so steht das Wort dunkel zwischen der Erde und den himmlischen Sternen. Und wißt, es ist ein Wort in Gestalt eines Kreuzes, das vor meinen Augen steht. Und wißt, es hängt am Kreuz mit ausgebreiteten Armen der, den die Sterne aus ihrem unzähligen Gewimmel bestimmt haben. Aber ich erkenne nicht, wer es ist und sein wird. Es ist der, dessen Herrlichkeit über alle Maßen leuchtet, den ich euch zeige, und er lockt, auf daß wir ihn sehen und suchen und erfahren, wer es ist, dessen Vollendung über alle Herrlichkeit leuchtet. Das Leid ist es, das aufwächst in der bösen und gerät zur Herrlichkeit in der guten Zeit.

SYROS *stockend* Ist es an dem, daß ein Kreuz ragt und steht vor deinen Augen, daß es den zur Herrlichkeit erhebe, der mit ausgebreiteten Armen an ihm hängt, so wisse, daß es vor meinen Augen mit nichten steht und mit nichten bin ich der, dessen Herrlichkeit leuchten wird. Und ich bin ferner keines Willens, den väterlichen und königlichen Kreuzestod zu erleiden, denn Vaphio ist dessen schuldig geworden und ich bleibe wo ich bin, in meiner in mir durch mich geborenen guten Zeit, die eine solche ist, daß alle Schuld zurückgeblieben ist in der bösen Zeit, und keine Schuld in ihr statthat, also daß ich ohne Schuld in ihr verharre. Vernimm, daß die gute Zeit keine Schuld leidet, und so ist alle Schuld zwischen dem unzähligen Gewimmel der Sterne und der dunkeln Erde zu nichts geworden. Wer es auch sein möge, dessen Herrlichkeit am Kreuze leuchten wird, es wird der sein, dessen Schuld ihm angehört, daß er für sie den Tod leide, der für Schuld gesetzt ist. Siehe, so gehe ich meines Weges voran und setze meine Füße auf den Steig, so meiner Unschuld gegönnt ist. Tue du desgleichen derart, daß dein Weg dich führt an den Ort deines Verlangens und deines heiligen Frieden. *Ab*

VII

Die gleiche Szene wie vorhin, mondlos und sternklar. Hörner blasen, Leute mit Lichtern stolpern vorüber, einige von ihnen sammeln sich im Hintergrund und warten, KORNILOFF *und* AMBROSIA *folgen.* CELESTINE *im Dunkel zwischen Sträuchern*

AMBROSIA Halten Sie es für richtig, Hörner blasen zu lassen, Herr Baron, mir scheint, wir verscheuchen damit eine Verlorene, die sich nicht finden lassen will.
KORNILOFF Möglich – aber es sind Anstalten, auf die man hinweisen kann. Die ganze Landschaft unter Hörnerschall gesetzt – es dringt zum Himmel, es dröhnt durchs Geklüft: so, und nicht lautlos und verstohlen, denkt er sich solche Suche. Wir Diener des Herrn müssen verstehen, im erlauchten Sinne zu handeln, – ja, Fräulein, aber es tut mir leid, ich kann Ihnen nicht verhehlen, je weiter Sie uns führen, desto weniger wahrscheinlich ist es mir – und desto mehr muß ich meinen...
AMBROSIA Was argwöhnen Sie, Herr Baron?
KORNILOFF Ja, na – also – wie gesagt, gewissermaßen, daß Sie uns bewußt irreführen. Sie bringen uns auf eine falsche Fährte. *Empört* Diese wilde Welt ringsum, nichts als Baumöde und Felseinsamkeit – und da soll ich meine Hoheit herausklauben wie ein Beerenweiblein, das sich zwischen Unkraut und Gewucher verlaufen hat! Durchaus respektierlich gesprochen, das ist allzu ersichtlich abgekartet. Nicht weiter so! *Zu den Leuten* Teilt euch, Leute, eine Hälfte links, die andere rechts, jede Hälfte schwärmt rechts und links aus und immer weiter rechts und links. Stoßt in die Hörner und tut euer Menschenmöglichstes mit Finden – verstanden!

Leute ab

AMBROSIA Und Sie, Herr Baron?
KORNILOFF *holt eine Taschenlampe hervor und beleuchtet allermeist* AMBROSIA Was glauben Sie, wie ich in der Kreide stehe! Jedes rote Ritzchen an der Vorderfront ihrer Hoheit, jedes blaue Pünktchen hintendran wird meiner Verantwortung zugerechnet, und ich fürchte, die Rechnung ist schon riesengroß. Meine Fundamente wackeln, verehrtes Fräulein! Der Fürst wünscht keine Schramme in seiner Haut, hat er mir restlos deutlich versichert.
AMBROSIA Seine Hoheit, wieso?
KORNILOFF Na, er liebt persönliche Expressionen. Drastisch, sagt er, geht der Ausdruck über Stock und Stein – soll meine Zunge tänzeln und schwänzeln, sagt er, meine? Ja, Fräulein, die Zunge des Herrn – ach Gott, wie wird ihm noch werden, wenn nun obendrein dereinst der drastische Ausdruck mankiert – hm, wie schon der abgewogene.
AMBROSIA Seine Haut, Herr Baron, wieso will er keine Schrammen in seiner Haut?
KORNILOFF Wie denn dergleichen eng verbundene Gatten gewohnt sind, einander mitzuteilen. Da heißt es: was mein sei dein, was dein sei mein – so sagt seine Hoheit: meine Haut, und ist sehr eigen damit, gewissermaßen stolz auf die makellose Haut seiner Gattin, als wäre es die eigene.
AMBROSIA Ob die Fürstin gleichermaßen stolz ist auf das ihr vom Fürsten Mitgeteilte? Sagt sie auch: dein Übel sei mein Übel? Im Ernst: verdenken Sie es der schwer geprellten Reinheit, wenn sie...
KORNILOFF Geprellte Reinheit, Himmel, Fräulein, welch ein drastisches Wort! Pst, mit dergleichen, wenn ich bitten darf.
AMBROSIA Wie Sie wünschen, Herr Baron, es braucht keine Worte, wir wissen auch ohnedies Bescheid. Seine Hoheit ist sehr besorgt, daß kein Dörnchen seiner Frau zu nahe kommt, kein feuchter Hauch ihre Empfindlichkeit berührt – aber wie sehr er selbst ihr zu nahe getreten und wie die eigenen Einflüsse in ihre preisgegebene Empfänglichkeit be-

schaffen gewesen sind, davor ist seiner Penibelkeit nicht bange geworden, Herr Baron, oder sind diese Ausdrücke zu drastisch, während die drastischen Dinge selbst frisch und fröhliche Geltung genießen?

KORNILOFF Sie sind ja ein erstaunlicher Balg, Sie anscheinend lammfrommes Mädchen in der Fremde! Sie übersticheln ja Fürst und Vasall in ihren begnadetsten Stunden – Ihr Vortrag ist ein wahres Labsal für das Ohr eines Diplomschwätzers. Mit Ihnen kann man einen diabolischen Dialog veranstalten – Gott sei Dank, Donnerwetter, zur Erholung von dem ewigen und forcierten Fliederbuschgesäusel!

AMBROSIA Gott sei doppelter Dank – auch Sie frischen merklich auf, Baron!

Sie gehen langsam ab, bleiben dabei für Augenblicke stehen, der Baron beleuchtet den Boden.

KORNILOFF Es wird noch alles gut werden, das Hühnchen gackert, zum Unterschied von anderen Hühnern, bevor es sein Ei legt, Klappern gehört zum Handwerk. Vorsicht, Fräulein, Fuß hoch – sehen Sie! Wie steht es denn im ganzen und im groben? Da ist ein wurmstichiger Sproß, das heißt nun bei aller vorläufigen Unsichtbarkeit schon Erbprinz und unsereins, aber ganz und gar unter uns, nicht wahr? – unsereins macht vor dieser Fragwürdigkeit den Rücken krumm, obgleich seine hochgeborene Zukunft gewissermaßen ohne Zukunft ist. Ich für mein Teil – holla ein Busch – ich sage, ich wäre lieber ein Hase, dem die Schrotkörner um die Ohren fliegen, denn seine Aussichten auf eine erfolgreiche Lebenslaufbahn sind bei weitem besser als die erbprinzlichen. So heißt es nun mal und so ist es nun mal – die Sünden der Väter werden an den Kindern – – na ja, und so weiter. Warum sie in den urgrauen Zeiten nur die Väter zum Tragen der Schuld angehalten haben, weiß ich nicht – als ob die Mütter nicht am Ende alle Ursachen gehabt hätten, ihres ihrerseitigen Anteils eingedenk zu sein – wie? – Ganz recht, man macht ihnen was weis. Das Wort könnte demnach also lauten: die verfluchte und sündhafte Unschuld der Mütter wird an den Kindern heimgesucht. Schließlich ist das Ganze ein Geschäft von Erwachsenen untereinander, nicht? – – Versteht sich, unbedingt! Immer nur durch entsprechende Beschaffenheit wird eine schäbige Wirklichkeit zu Wege gebracht – oder wie soll man das kürzlich so beliebt gewordene Wort von der Wirklichkeit anders auslegen? Hoppla, nun geht's hier durch, wenn ich nicht irre, und dann immer munter weiter.

>*Beide ab*
>CELESTINE *stürzt zu Boden.*

VIII

Hinaufstreichende Fläche des Gebirgs ohne Baumwuchs. CELE-STINE *kommt langsam aus der hinteren Tiefe herauf, bis ihre ganze Gestalt als Umriß sich gegen den Sternhimmel abhebt. Zu ihr von der Seite* SIBYLLE *außer Atem*

SIBYLLE *wirft sich* CELESTINE *an die Brust*... wie selbst zerrissen bin ich – Gott sei gelobt...
CELESTINE   Man kann wirklich erschrecken darüber wie du es ausstößt, hast kaum Atem für den gehetzten Laut.
SIBYLLE   Was für Augen – zwei Augen, zwei Lichter im Finstern, gerade auf mich zu und – leises Treten und Scharren von Tatzen auf dem Stein.
CELESTINE   Weine nur, laß los aus dir, was dich preßt, du keuchst wie in Klammern, als hätten Zangen dein Herz gefaßt.
SIBYLLE   Auf mich zu, gerade und schnell, zwei Lichter bis dicht heran – und dann ins Gebüsch gebrochen und durch zwischen Felsen! Vor mir, da am Fuß, lag ein Ding und zappelt und wimmert, schreit ein Stimmchen, ein erbärmliches Körperchen zuckt da und wirft sich herum – ach, was für eine Wut im Leiden, was für ein kämpfender Schmerz – – und das kleine Ding!
CELESTINE   – ein Wolf...
SIBYLLE   ... mit einem geraubten Kind, und als ich so vor ihm stand, ließ er's los...
CELESTINE   ... ließ es aus den Zähnen fallen vor deine Füße. Aber sag mir, wo...
SIBYLLE   Nein, nein, nein, nicht fragen, nur nicht gefragt werden und dran denken müssen! Ich lief und lief und laufe schon weit, fiel und kroch und wurde vom Schreck aufgejagt und immer fort durchs dicke Dunkel vor mir. Immer dachte

ich, du bist schon weit und immer fühlte ich, daß ich durch etwas drängte, wo es nicht weiter ging, kein Raum schien gewonnen, kein Schritt förderte mich im Endlosen...

CELESTINE Aber das Kind, Beste, wie konnten Sie vor dem Kind davonlaufen!

SIBYLLE Ja, ganz recht, ich lief vor dem Kind, aber nicht allein vor dem Kind, ich entsetzte mich vor mir selbst – es war, als wäre es mir angesprungen und ich müßte es mitschleppen – ich rannte und wußte nur eins: Schauder ohne Ende wo Leben ist – wenn das Leben ist! Gott sei gelobt, ich stieß auf Sie, nur nicht schelten, Hoheit, ich kann nicht anders.

CELESTINE Du brauchst nicht zu mahnen, ich muß mich selbst bezichten, daß ich's zuließ, das Kind ward vor meinen Augen hingetan, wo das reißende Tier es finden mußte – wir sind einander wert, Sibylle.

SIBYLLE Es atmet sich schon leichter – aber ich fürchte, es wird wieder schlimmer werden, ich habe hineingeschaut und wenn's nur ein Pröbchen Wissen ist, ich hab es in mir, es ist auf mich gestoßen wie eine Schlange und hat mich gestochen, daß ich's für immer ins Blut bekam – – das, das, ich habs wohl geahnt, aber nicht gewußt, was das ist. Der das Leben will und daß gelebt wird, der soll dafür aufkommen und es nicht uns Armen überlassen, daß wir daran kranken und darüber verzweifeln. Es ist genug für immer, ich bin auf barbarische Art belehrt!

Sie umfangen sich und stehen einen Augenblick schluchzend zusammen.

CELESTINE Ich kann nicht mit dir rechten – –

SIBYLLE Es muß wohl am Ende Alles sein, wie es ist, aber ich habe den Keim eingeboren bekommen, den Keim des Erschreckens, und der wuchs in mir und ich schreie es ihm ins Gesicht, der Leben, solches Leben befiehlt: nein, nein, nein, ewig nein! Das Nein bricht aus mir mit derselben Gewalt wie bei Andern das Ja. Lieber sterben als Leben geben!

CELESTINE Wir hätten das Kind bewahren können, könnten es vielleicht noch – ach, Sibylle, wir sind mitschuldig.

SIBYLLE Hoheit, es hat mich seltsam durchdrungen, von Ihnen umfangen zu sein und Ihre Tränen auf meinem Gesicht zu fühlen, meine Ohren horchen auf Ihr Wort, meine Lippen küssen Ihre Hände voll Demut und Freude am Gehorsam – aber ich will kein Leben bewahren, ich kann nicht hilfreich sein, will nicht gehorchen, wenn alle Zustimmung in mir schweigt... Sie selbst, ach, liebe gnädigste Hoheit, wie darf ich fragen, ob Sie – – wie raten Sie sich selbst, wenn gefordert würde: du sollst bewahren, du sollst sollen, was Sie nicht wollen können! Ist nicht Leben in Ihnen?
CELESTINE Tod ist in mir, Kind. Dieses Leben ist verurteilt – ist in Verirrung und Verlorenheit abgetan, ungerufen, herangescheucht zu Hoffnungslosigkeit.

Ein Mann aus der Schar derer von Rifeh, einen langen Balken auf dem Rücken, kommt von unten heraufgestiegen. Sie treten beiseite.

MANN Ihr Frauen, hört! Zeigt mir, wo ihr aus dem Hause oder der Freundschaft von Syros' Sohn, Kastro, seid, meinen Weg. Es wird euch gedankt von einem, der durch seine Last am Schreiten gehindert wurde und den die Nacht umfing, ehe denn er seines Zieles froh werden konnte.
CELESTINE Wir sind dieser Gegend unkundiger als du, der du wohl in deinen Geschäften verspätet bist, aber doch in der Nähe behaust.
MANN Ihr irrt, ich bin unbehaust hier herum, ich gehöre zu den Männern von Rifeh und diesen Balken führe ich vom Tal herauf, da hier oben so mächtige Stämme nicht gedeihen. Es ist der Stamm des Kreuzes, an das wir Vaphio beim Licht des werdenden Morgens heften werden, um dann aufzubrechen und heim auf Rifeh zu gehen.
CELESTINE An diesen Stamm...
MANN ... Der hoch an den Himmel hinanragt vom Berge, wie uns Dahschur geboten, daß seine Augen von Rifeh sein Ragen gewahren und den sterbenden Leib dessen schauen, der seinen Sohn Amyklai schlug.
SIBYLLE *bricht in Tränen aus.*

CELESTINE   Gib dieser Regung nicht nach, Sibylle, halt an dich – es ist der Stamm, den ich schaute und sein Ragen von der schwarzen Erde ins unzählige Gewimmel der Sterne, derselbe, der den zur Herrlichkeit emporhob, den er trug – aber es war wohl die Herrlichkeit, die ich schaute, aber nicht seine Gestalt und sein Antlitz.

MANN   *nimmt den Balken wieder auf* So ihr also unkundig der Gegend seid, muß die Witterung meiner Füße mich führen, da der Rat meiner Augen versagt.

CELESTINE   Mich ergreift die Inbrunst eines Verlangens – ehe du diesen zum Ragen bestimmten Stamm an seinen Ort trägst, laß mich sein Haupt küssen, die Stelle, wo eine Herrlichkeit ausbrechen soll und eine Wirklichkeit erwirkt.

SIBYLLE   *hält sie zurück* Ich – ach, ich in meiner schrecklichen Schamlosigkeit – mich überkommt Scham, Sie so zu sehen.

CELESTINE   Mich so – wie zu sehen?

SIBYLLE   So verloren an – das andere. Da Sie doch in Hoheit geboren sind und Ihre Hoheit Ihnen helfen und Sie fördern muß, in Gemächlichkeit zum Glück hinaufzufinden...

CELESTINE   Hinauf? Du meinst hinab, nur hinab kann man da gelangen, wo die Art Glück, die auf mich wartet, zu Hause ist. Ich will so nicht zu Hause sein und kann nicht hinab. *Sie küßt den Stamm des Kreuzes.*

SIBYLLE   Sie verlieren sich in Überschwang, Hoheit, eben erst beriefen Sie mich, ich darf Sie erinnern, ich faßte mich wie Sie befahlen – – –

MANN   *lacht* Seltsame Leute gibt es hier herum. Als ich weiter unten zwischen den Felsen und Büschen hinfuhr und mit dem Balken an die Steine stieß und zur Erleichterung fluchte, bog am selben Stein einer von den alten Wildgöttern um die Ecke, ein weißbärtiger Dickbauch mit Beinen wie Bäume, hielt ein schreiendes Kind am Genick und lachte, da ich um Auskunft bat. »Weg mit ihnen aus meiner werfenden Hand in die Kluft wo die andern liegen, geworfen und geborsten«, so sprach er zu mir und ich fürchtete mich und er rief mir zu: »O, Balsam, redlicher Verräter, wir vom wilden Gebirg schmecken den faulen Wind der Verwelktheit, gerochen und gerichtet, wir Geborenen in Frische und Gänze. Recht auf dem wilden Gebirg macht rein von Schuld und Schande. Die Geborenen in edlen Tagen überdauern die Geborenen in ihren elenden Tagen! Erhaltet die Verlorenen in ihren elenden Tagen, wenn sie euch dereinst für solches Leben danken.« Und er hielt das zappelnde Kind am Genick und schwang es hin und her und ging fort und es dröhnte weithin, als er rief...

CELESTINE Rief was?

MANN Rief: »wen die zeugenden Väter zum Verderben aussäen, den schleudert die werfende Hand in die Kluft der Ungeborenen« – und höhnte mich und sein stürmischer Atem drang zu mir und schrie: »hebe dein Kreuz und trag's hin, wo die Stätte ist. Allda mag es einen aus den verlorenen Tagen in die Arme nehmen und an seinen harten Brüsten tränken« – und rief noch lauter und mit mächtiger Kehle, daß es verklang wie ein Donner, und lachte dazu, daß mir grauste – zuletzt hörte ich wiederum: »Recht auf dem wilden Gebirg macht rein von Schuld und Schande.« *Ab*

CELESTINE *krampfhaft lachend* Recht auf dem wilden Gebirg...

IX

Zwischenstück
Gebirge, fahler Schein am Himmel, der von der Helle des kommenden Tages einen vorläufigen Gruß bringt. EGON *und* VOLRAD *übernächtigt*

EGON Hättest du dir das Suchen nach Vermißten so aufreibend gedacht, Volrad?
VOLRAD Wenn sie wüßten, was das heißt: ausbleiben, ich meine für die Andern, die warten, weißt du! Man kann ganz gemütlich ausbleiben, legt sich in irgendein Bett oder sonstwo nieder, träumt und läßt die Angehörigen sich ganz gehörig abzappeln – nur gut, daß wir auf dieser Seite des Gebirges geblieben sind, die vom Gros machen sich einer an des andern Feuer heiß – wollen uns ja nicht vordrängen... was mag da am Boden liegen, Egon?
EGON Auf jeden Fall ein Ding von verdächtigem Anschein, meinst du nicht auch?
VOLRAD Du willst doch nicht andeuten, daß es vielleicht ein Mensch sein könnte?
EGON Das wäre ein grausiger Zufall, danke vor Obst! Wollen wir – oder gehen wir lieber weiter, Volrad?
VOLRAD Ich denke – hm – schimpfshalber muß man wohl... *Geht vorsichtig heran und stößt mit dem Stock auf den Gegenstand.*
EGON Nun? *Tritt auch näher*
VOLRAD *bedenklich* Ja, Egon, da ist nichts zu machen – es ist der Bocksmantel, unser eigener, wohlerworbener, aber, wie du weißt – du hast ihn ja selbst von dir getan, Egon.
EGON Mir ahnt irgendein Unheil, ich kann dir nicht verhehlen, Volrad – – was mag nur passiert sein! Sieht der Mantel

nicht aus als wäre jemand darin totgeschlagen, oder wenigstens – was sagst du dazu, Volrad?

VOLRAD Wozu wären wir Mitglieder der A-V, wenn wir uns mit der Auflösung so wüster Rätsel abgeben wollten? Um alles in der Welt, ich habe übergenug, für uns gibt es jetzt nur eins: das Bett und Brom – komm, Egon, überlaß den Misthaufen von Affäre sich selbst.

EGON Mir scheint, wir hätten gewaltige Entschädigungsansprüche anzubringen – die A-V muß blechen.

> *Beide ab.*
> SYROS *erhebt sich hinter einem Felsen, streckt sich, blinzelt und sieht den Mantel. Er kommt und hängt ihn um seine Schultern.*

SIBYLLE *kommt gleichzeitig durch die Büsche, erkennt ihn und stößt einen Schrei aus, indem sie ihn umfängt* Siehst du, Alter, so gut meint es der Morgen, tut kaum die Türritze auf – und schon steht mein ausgeschlafener Weißbart da.

SYROS Ja, es ist gute Zeit.

SIBYLLE Hast deine Weisheit in richtigen Gang gebracht, alter väterlicher König, weg von den ausbündigen Söhnen, die einen schon quälen, ehe sie der Tag bescheinen kann – du regst dich gescheit in deinem rüstigen Alter und dein Ziegenmantel riecht besser als alle Flaschenöle.

SYROS Ja, gute Zeit – es ist meine eigene gute Zeit und von solcher Beschaffenheit, daß sie in mir wie das Kind in der Mutter von mir selbst zubereitet ist.

SIBYLLE Deine eigene königliche und väterliche und mütterliche gute Zeit!

X

Freier Bergrücken, Morgenröte am Himmel. Die Männer von Rifeh ziehen herauf, Vaphio *zwischen ihnen in Banden. Einige schleppen Balken und Hölzer.*

Erster Haltet! Wer auf den Steinen von Kampos steht und will ihn hier am Kreuz hängend erblicken, muß gute Augen haben. Aber es gibt so gute Augen und Dahschurs Augen gehören zu ihnen. Er schaut aus und will sich erquicken am Anblick des Hängenden, der seinen Sohn zu einem solchen Sohn machte, daß seine Augen keine Erquickung an seinem Anblick finden. Haltet!

Sie halten an.

Erster Rastet. *Zu* Vaphio Auch du, bis daß dein Kreuz gerichtet ist, liege und atme ohne Hast bis deine Stunde kommt. *Zu Andern* Der Fuß des Stammes ruhe in der Erde, aber den Balken, der zu Häupten den Stamm kreuzt, laßt in den Himmel reichen, daß der väterliche Blick des Rächenden sein Opfer erkenne, das ein Opfer sein soll von der reichenden Erde an den richtenden Himmel gehoben. Schafft!

Sie richten den Stamm des Kreuzes auf. Kastro *in Eile*

Kastro *zum* Ersten Männer von Rifeh, wie urteilt ihr, wohin die Zeit gelangt sei? Es ist eine Weise, die eine ungerechte Weise ist, der ihr euch bedient, da ihr den Aufstieg der Sonne von der Stirn des Berges erspäht, allwo die Stunde der andern vorauseilt, nämlich der, die im Tal des Lichtes harrt. Wie urteilt ihr, da ihr Balken und Bretter rüstet, während der Ort unseres Einverständnisses im Schatten des Berges ruht und die rechte Stunde schläft!

Erster Sohn des Syros, deine Brust keucht und deine

Stimme hat ihre Flügel gebrochen. Es ist keine Kraft der zutreffenden Richtigkeit in deiner Rede. Wir sind einig geworden des einzigen, daß die Schatten der gewesenen Nacht das Leben des Knaben, deines Sohnes Vaphio, schützen. Wohlan, die Sonne räumt die Schatten fort und du bist es, der für den blutreichen Leib deines Sohnes den Leib mit dünngefüllten Adern Syros', deines Vaters und Königs, so du als Ersatz geboten, nicht darbringst, auch nicht einen anderen darzubringen ankündigst. Geh hin und harre zugewandten oder abgewandten Gesichts des gerechten Geschehens, welches deinem Sohne zuteil wird. Gnade ist ein Gut, dessen Gunst ihm nicht gegönnt werden kann!

KASTRO Gnade ist ein Gut, dessen er geringer bedürftig ist, als Gerechtigkeit. Vernimm, daß Syros, mein König und Vater, mit der Mühe seines schwachen Atems ringt, um zur gesetzten Stunde an die Stelle Vaphios', meines Sohnes, zu treten, und es ist so, daß er an dem Ort, wie er vordem galt oder als der zutreffende gelten mußte, nämlich vor dem Tor meines Hauses, des Todes sterben wird an Stelle meines Sohnes. Es wird die Stunde sein, wo die Sonne auf den bergenden Rand des Gebirges tritt. Genau dann, wann es mit bedachtem Dingen ausgemacht ist. Rede von keiner Gerechtigkeit, wenn du Gewalt begehst.

Pause

ZWEITER Wir sind einhellig des Willens, daß keine Gewalt, sondern Gerechtigkeit geschieht.

MEHRERE Wir sind des Glaubens, daß Kastro, der Sohn Syros', im Falle des stärkeren Rechts ist durch die Kraft der richtigen Ordnung aller Umstände in seinen Gedanken.

ZWEITER Wir verhehlen nicht, daß die gesetzte Stunde die Stunde ist, welche noch nicht gekommen ist, sondern schläft im Schatten des Tals vor den Toren des Hauses...

MEHRERE ... die erwacht sein soll, ehe denn Vaphio, Kastros Sohn, ans Kreuz gehängt wird...

ZWEITER ... oder ein anderer an seiner Stelle.

Pause

ERSTER Da ihr denn einhellig seid, so geschehe nach der Ordnung eurer Gedanken. Geht hinab, dahin wo ihr Syros finden sollt, nehmt ihn in euren Kreis und führt ihn zur Stunde, die gesetzt ist, herauf. Ich harre eures Kommens und bleibe bei dem Knaben.

Einige von Rifeh ab, während andere das Kreuz richten

VAPHIO Vater, ist es gewiß an dem, daß geschieht, wie du gesagt hast? Ist unser Vater und König auf dem Wege, daß die Stunde seines Kommens die rechte sein wird? Mir ist bange beim Anblick des Gerüstes, so sie aufgestellt haben.

KASTRO Es ist gewiß an dem, daß Erlösung auf den Füßen unseres Vaters und Königs ihres atemlosen Weges zieht, sei dessen getrost, Vaphio, mein Sohn. In freudiger Eile bin ich des Weges vorausgeeilt, damit du nicht ferner Furcht fühlen brauchest und deines Bangens ledig werdest. Es ist wie ich sagte.

VAPHIO Und bleiben wir hernach, mein Vater, um zu sehen, wie sie unsern König und Vater an meiner Statt anschlagen?

KASTRO Wir verlassen diesen Ort. Er muß allein des schuldigen Todes sterben, mein Sohn, er, der uns ins hündische Leben gebracht, erst mich und dadurch, daß ich ward, auch dich, darum ist es billig, daß er für dich als Opfer und Sühne am Kreuze sterbe.

VAPHIO Ist das Leben in Wahrheit hündisch, mein Vater, in das wir dadurch eingingen, daß er unser König und Vater ward?

KASTRO Es ist von der Art, daß man es hündisch nennen muß, Vaphio.

VAPHIO Für mich ist es nicht hündisch, mein Vater, es ist so wenig hündisch, daß ich froh bin darum, daß unser Vater und König das seine für mich hingibt. Aber sage nicht, es sei billig, daß er es tue, es ist nicht an dem, daß er dessen schuldig heißen muß, erst dich und durch dich auch mich in das Leben gebracht zu haben. Ich bin voll Dank, daß ich mein Leben behalten darf, ich will, wenn er hängt, seine Füße umfangen, mein Vater, erlaube mir, daß ich bleibe und bade seine Füße mit meinen Tränen. *Leise* Sieh, Vater, der Mann, den Dahschur gesendet, unter Allen der Erste, wendet sein Gesicht von uns. Er verbirgt es vor uns, aber ich sah schon eher, daß seine Augen voll Tränen standen – warum weint er?

Kastro *leise* Seine Schultern beben und ich sehe wie du, daß er weint. Seines Amtes Anspruch geht über die Kraft seines Vermögens, seine Seele ist voll innigen Leides, er seufzt wie in tiefer Not darum, daß er dich, wo nicht unser König und Vater zur rechten Stunde vor ihn träte, durchs Kreuz zu Tode bringen müßte. Auch über meine Augen hängt sich eine Blindheit, als wollte sie den Anblick des Kreuzes vor mir verbergen.

Vaphio Aber er kommt gewiß an meiner Statt, Vater, daß ich leben darf? Sage mir, daß er kommt.

kastro Er kommt gewiß, Vaphio, mein Sohn. Harre in Geduld und laß alle Furcht fahren.

Celestine

Celestine Es steht ein Wort und eines Wortes Gestalt vor meinen Augen. Sein Fuß rührt an die dunkle Erde und seine Spitze stößt an den Himmel. Es ist das Wort in Gestalt eines Kreuzes, das vor meinen Augen stand – und ist geworden Wirklichkeit, wer sagt mir, wessen gute Zeit Vollendung und Wirklichkeit wird?

Erster *zeigt auf* Kastro.

Celestine *zu* Kastro, *den sie jetzt erkennt* Du, dessen Sohn erhöht werden soll, sage, wo ... *Sieht* Vaphio du Blühender, bist du Vaphio, das Opfer und Sühne für Amyklai, den du schlugst? Und sollst so früh, da das Erbarmen, das du mit dir bringst noch warm und die Lust noch süß ist an deiner guten Zeit, verwelken und verlöschen?

Vaphio *schaut auf* Kastro.

KASTRO Er ist es, aber er wird nicht sterben, sterben für ihn wird, der an seinem Leben und dem Leiden, in das er hineingeboren, schuldig geworden ist, und ist Syros, dessen heiliger Wille dazu erstarkt ist, weil der Hammer und der Stein meines Zorns am Himmel über seinem Haupte hängen.
CELESTINE Es ist dein Vater, von dem du sprichst. Wisse, er wird nicht für ihn sterben. Er hat sich selbst ledig aller Schuld gesprochen und ist angelangt in der guten Zeit, wo keine Schuld statthat und alle Schuld zunichte geworden.
KASTRO Du irrst, du irrst, weil es nicht an dem ist wie du sagst. Es darf nicht gelten, daß Syros, der unser König und Vater ist, seinen Willen geändert hat, denn sein Wille war heilig und darf nicht umgestoßen werden, nicht durch ihn selbst und auch durch keinen andern.

> CELESTINE *will antworten, stockt aber, da sie* VAPHIOS *angstvollem Blick begegnet.*

VAPHIO Ich kann nicht sterben müssen, denn wenn es wäre, daß ich es müßte, so wäre ich in der Schuld. Ich bin aber und will sein in dem, wo unser Vater und König ist, der in der guten Zeit ist und da, wo keine Schuld statthat. Also bin ich ohne Schuld und will nicht sterben. Doch sage, ob er in Wirklichkeit nicht für mich am Kreuze hängen will?
CELESTINE Keiner Schuld bist du dir bewußt, sagst du, Vaphio?
VAPHIO Keiner und nicht einer, die noch so klein wäre. Hätte ich ihn nicht getroffen, so traf er mich, Amyklai. Es geschah wie es geschah aus dem bloßen Grunde, weil ich stärker war und so bin ich ohne Schuld, da ich keiner Schuld bewußt bin dafür, daß ich stärker war. Darum will ich leben und nicht sterben. Schon bin ich so stark wie mein Vater und in kurzem übertreffe ich ihn in beidem, in der Kraft und in gutem Mut. Darum will ich leben und danken für das Leben ihnen, meinem Vater Kastro und meiner Mutter Patsofa.
CELESTINE Danken willst du deinen Eltern?
VAPHIO Von denen ich Lust erhalten habe, denn wie anders als durch Lust am Sein in meiner Kraft und Gesundheit ge-

lange ich aus dem hündischen Leben in die gute Zeit – und nie werde ich aus der guten Zeit weichen, wo ich bin, wie auch Syros, unser König und Vater. Doch sage, ob er in Wahrheit nicht für mich am Kreuze hängen will?

CELESTINE Aber würdest du deinen Eltern fluchen, Vaphio, wenn es anders wäre? Wenn Kastro, dein Vater, dich nicht zur Lust am Sein in Gesundheit und Kraft gebracht, sondern ins hündische Leben ohne Mut und Kraft?

VAPHIO Ich würde handeln an ihm, wie Kastro, mein Vater, an ihm, der ihn ins hündische Leben brachte. Ich würde mit dem Hammer und dem Stein meines Zorns auf seinen Kopf treffen und es wäre recht so und gerechte Vergeltung. Denn sein wäre die Schuld dafür, daß ich ein Knecht des Elends wäre, wie ich an ihm sehe, meinem Vater Kastro. Ich will nicht seinesgleichen sein und wie er voll Überdruß. Doch sage endlich, ob er in Wahrheit nicht am Kreuz hängen will, Syros, unser König und Vater?

CELESTINE Du sagst es, er will es nicht. Er will es nicht, denn in der guten Zeit ist keine Schuld und er hat genug getan im langen Leben für seine Söhne.

VAPHIO Wenn es an dem ist und er nicht will, so tut er recht und es soll gut sein so wie er will.

CELESTINE Aber dafür, daß er ohne Schuld ist, sind andere ihrer teilhaftig. Es ist einer, der schuldig ist am hündischen Sein eines Sohns und es ist dieser andere, der für dich am Kreuze hängen wird. Sei getrost, Vaphio, du sollst leben. Denn wisse: es ist not, daß die gute Zeit Gestalt wird in dem, der ihrer teilhaftig wird. So gestaltet wie das Kind in seiner Mutter, so wird die Herrlichkeit am Kreuz gestaltet – daß ein Werden geschehe und eine Wirklichkeit komme.

VAPHIO Und wer ist der, der so schuldig ist, daß sein Sohn ins hündische Leben kam?

CELESTINE Es ist derselbe, der mich sendet, der mich zu gehen antrieb, bis ich an den Fuß des Kreuzes stieß, wo ich stehe. Das in den Himmel ragt, wo die Herrlichkeit der guten Zeit Gestalt bekommen soll.

VAPHIO Wenn er dich sendet, so wird er bleiben wo er ist und

wird die Stunde erwachen lassen, wo ich ans Kreuz gehängt werde. Wenn seine Schuld groß ist, so ist der heilige Wille in ihm klein.

CELESTINE Seine Schuld ist groß und der heilige Wille ist in mir durch ihn geschehen und ist groß. Ich gelte für ihn an seiner Statt, wenn er ausbleibt. Es ist recht, daß die sterben, die am Sein ihrer Söhne ohne Kraft und Gesundheit schuldig sind. Sie sagen: Recht auf dem wilden Gebirg macht rein von Schuld und Schande, und es muß so sein, daß solches Recht das wirkliche Recht ist – und darum bleibst du in deinem Leben von Kraft und Gesundheit. Bist du froh, Vaphio?

VAPHIO Ich bin voll Dank, aber froh zu sein vermag ich nicht.

CELESTINE Du wirst voll Dank bleiben und froh werden, Vaphio.

Das Kreuz ist fertig, die Boten kommen zurück.

1. BOTE Es ist hell geworden vor dem Hause Kastros, der Platz vor seinem Tore ist weit und die Gänze der Strecke liegt in der Fülle der scheinenden Sonne.
2. BOTE Und der Platz ist sonst leer. Die im Hause harren in Angst und ihr Weinen ist still geworden, sie sind ohne Tränen, denn alle ihre Tränen sind über Nacht ausgeflossen, sie halten einander im Arm und es macht ein einziges Seufzen aus wie sie jämmerlich atmen.
3. BOTE Und die Leere des Platzes ist schattenlos. Keines Mannes, keiner Frau und keines Kindes Schatten streicht über den Boden. Syros, ihrer aller Vater, der König, ist nicht auf dem Platze.

Sie stehen im Kreise um VAPHIO.

ERSTER VON RIFEH Höret alle, die ihr im Kreise steht, es ist eine Tat geschehen, ein Totschlag ist getan, eine Schuld ist gekommen und ein Schaden muß gesühnt werden. Der Tod am Kreuze sühnt die Schuld, wer ist, der schuldig heißen will und nach der Schwere der Tat den schweren Tod am Kreuze erleiden?

CELESTINE   Ich bin es, die Schuld ist mein, ich will der Schuld am Totschlag schuldig heißen.

ERSTER   So ist die Schuld genommen von dir, Vaphio, Kastros Sohn, du bist des Totschlags an Amyklai, dem Sohn Dahschurs, ledig, und die Tat ist von dir genommen und du sollst leben so frei als lebte Amyklai zur Freude für die Augen seines Vaters. *Zu* CELESTINE Du aber bist derselben Schuld teilhaftig geworden und wirst gerichtet nach der Schwere der Tat. Du sei von der gebenden Erde in den empfangenden Himmel erhöht.

CELESTINE   Richtet mich nach der Schwere meiner Tat. Das unzählige Gewimmel der Sterne empfängt mich in seiner Herrlichkeit, die wohl den sehenden Augen, nicht aber dem schauenden Blick entrückt ist, die Schuld ist gelöscht, die mir die Erde gegeben hat. Die schlechte Wirklichkeit wird vor der guten Wirklichkeit weichen.

ERSTER   So windet diesen Strick um ihre Schultern und werft ihn über den Balken zu Häupten des Kreuzes. Daran zieht sie hoch. Dann nehmt diese Nägel, die uns Dahschur, der, dessen der Gewinn der Rache ist, gegeben und durchbohrt beide schuldigen Hände mit ihrer Schärfe und faßt den Stiel des Hammers, damit schlagt die Nägel ins Holz. Durch ihre Füße treibt keinen Nagel. Obgleich Dahschur auch ihn in unsre Hände gelegt, so sagte er dabei, es sei nicht unerläßlich, daß auch dieser bis zum Kopf im Blute bade, und so soll er blank bleiben. – Und wenn alles vollbracht ist, dann wendet die Augen ab, kehrt euch von dem Werk der Notwendigkeit, daß des Kreuzes Fuß allein auf der schuldigen Erde hafte, aber das erfüllte Recht in Gestalt des Kreuzes vor den spähenden Augen Dahschurs in den Himmel rage, auf daß seine Augen Trost finden.

> *Sie umringen* CELESTINE.
> KASTRO *befreit* VAPHIO *aus seinen Banden und zieht ihn mit sich fort.*

Titel und Nachweise der Zeichnungen

Titel und Nachweise der Zeichnungen nach Friedrich Schult, ›Ernst Barlach. Werkkatalog der Zeichnungen‹, Hauswedell, Hamburg

Wiedergabe der Zeichnungen, fotografiert von Christian Kraushaar, mit freundlicher Genehmigung der Akademie der Künste der DDR für den Nachlaß Güstrow

Seite 16/17 *Bühnenbild zu dem Drama ›Die Gute Zeit‹*
I – Strand. Vorn Atlas und Ambrosia, auf dem hinteren Felsen Syros

1929 – Kohle; Blatt 232 × 303; unbez.; beschriftet auf angehängtem Zettel. – Zeichenpapier, weiß, dreiseitig gezähnt, durch Fixierung gegilbt. – Güstrow, Nachlaß. Inv. Nr. X, 3; 1

Seite 26/27 *Bühnenbild zu dem Drama ›Die Gute Zeit‹*
II – Terrasse am Meer. Sonnensegel, Atlas im Kreise der Jüngerinnen hat dort gesessen, wo jetzt getanzt wird. Links Syros tritt zum Tisch wo jetzt Celestine sitzt. Alle Anwesenden wenden die Köpfe und alle lauschen aufs Gespräch.

1919 – Kohle; Blatt 232 × 303; unbez.; auf angehängtem Zettel beschriftet. – Zeichenpapier, weiß, dreiseitig gezähnt, durch Fixierung gegilbt. – Güstrow, Nachlaß. Inv. Nr. X, 3; 2

Seite 30 *Syros und Celestine*
Deckelzeichnung zum Drama ›Die Gute Zeit‹

1929 – Spitzer Pinsel über Kohle; Blatt 160 × 150; bez. u. r. E. Barlach. – Festes Zeichenpapier, weiß. – Reproduziert nach dem Umschlag der Erstausgabe

Seite 32/33 *Zwei Figurinen zu dem Drama ›Die Gute Zeit‹*
Syros und Celestine

1929 – Kohle; Blatt 232 × 303; bez. u. r. EBarlach; beschr. (Blei): u. l. Syros, u. r. Celestine. – Zeichenpapier, weiß, dreiseitig gezähnt, durch Fixierung gegilbt. – Güstrow, Nachlaß. Inv. Nr. X, 3; 9

Seite 40/41 *Bühnenbild zu dem Drama ›Die Gute Zeit‹*
III – Garten. Vorn Idaos und Kastro, von hinten kommen Atlas u. Korniloff. In der Laube Celestine und Ambrosia

1929 – Kohle; Blatt 232 × 303; unbez.; auf angehängtem Zettel beschr. – Zeichenpapier, weiß, dreiseitig gezähnt, durch Fixierung gegilbt. – Güstrow, Nachlaß. Inv. Nr. X, 3; 3

Seite 46/47 *Drei Figurinen zu dem Drama ›Die Gute Zeit‹*
Syros, Kastro und Syros mantellos

1929 – Kohle; Blatt 232 × 303; unbez.; beschr. (Blei): u. l. Syros, u. Mitte Kastro, u. r. Syros mantellos. – Zeichenpapier, weiß, dreiseitig gezähnt, durch Fixierung gegilbt. – Güstrow, Nachlaß. Inv. Nr. X, 3; 10

Seite 52/53 *Bühnenbild zu dem Drama ›Die Gute Zeit‹*
IV – Am Fenster. Korniloff und Celestine

1929 – Kohle; Blatt 232 × 303; unbez.; auf angehängtem Zettel beschr. – Zeichenpapier, weiß, dreiseitig gezähnt, durch Fixierung gegilbt. – Güstrow, Nachlaß. Inv. Nr. X, 3; 4

Seite 60/61 *Bühnenbild zu dem Drama ›Die Gute Zeit‹*
V – Buschgelände. Abhang zum Fluß. Nebelstreifen, Ambrosia hält Celestine zurück

1929 – Kohle; Blatt 232 × 303; unbez.; auf angehängtem Zettel beschr. – Zeichenpapier, weiß, dreiseitig gezähnt, durch Fixierung gegilbt. – Güstrow, Nachlaß. Inv. Nr. G, 12

Seite 68/69 *Bühnenbild zu dem Drama ›Die Gute Zeit‹*
VI – Bergwildnis. Untergehender Mond, Celestine links zwischen Wacholdersträuchern, Sibylle klettert über einen vorderen Felsen

1929 – Kohle; Blatt 232 × 303; unbez.; auf angehängtem Zettel beschr. – Zeichenpapier, weiß, dreiseitig gezähnt, durch Fixierung gegilbt. – Güstrow, Nachlaß. Inv. Nr. X, 3; 5

Seite 76/77 *Syros, ein Kind in den Abgrund werfend*
Innentitel zu dem Drama ›Die Gute Zeit‹

1929 – Kohle, mit Feder übergangen; Blatt 170 × 194, Bild 149 × 166; unbez. – Festes Büttenpapier, weiß, mit gekörnter Oberfläche. – Reproduziert nach dem Innentitel der Erstausgabe

Seite 88/89 *Bühnenbild zu dem Drama ›Die Gute Zeit‹*
VIII – Gebirge ohne Baumwuchs. Celestine und Sibylle/Mann mit Kreuzbalken von unten

1929 – Kohle und Deckweiß; Blatt 232 × 303; unbez.; auf angehängtem Zettel beschr. – Zeichenpapier, weiß, dreiseitig gezähnt, durch Fixierung gegilbt. – Güstrow, Nachlaß. Inv. Nr. X, 3; 6

Seite 98/99 *Bühnenbild zu dem Drama ›Die Gute Zeit‹*
Im einzelnen abweichende Vorform zum folgenden Blatt

1929 – Kohle; Blatt 232 × 303; unbez. – Zeichenpapier, weiß, dreiseitig gezähnt, durch Fixierung gegilbt. – Güstrow, Nachlaß. Inv. Nr. X, 3; 7

Seite 102/103 *Bühnenbild zu dem Drama ›Die Gute Zeit‹*
X – Bergspitze, Vaphio gebunden sitzend, Celestine stehend

1929 – Kohle; Blatt 232 × 303; unbez.; auf angehängtem Zettel beschr. – Zeichenpapier, weiß, dreiseitig gezähnt, durch Fixierung gegilbt. – Güstrow, Nachlaß. Inv. Nr. X, 3; 8

Ernst Barlach
Dramen

Taschenbuchausgabe in 8 Bänden
Mit Zeichnungen von Ernst Barlach
Herausgegeben und mit Vorworten von
Helmar Harald Fischer.

Das dramatische Gesamtwerk Ernst Barlachs einem größeren Publikum und Leserkreis bekannt zu machen, ist die Absicht dieser Taschenbuchausgabe in der Serie Piper, die bis zu Barlachs 50. Todestag im Herbst 1988 abgeschlossen sein wird.
Neben dem als Band I des dichterischen Werks 1956 bei Piper herausgegebenen Dramenband macht diese Ausgabe – zum erstenmal ergänzt durch Zeichnungen Barlachs – die ursprünglich veröffentlichte Textgestalt der sieben, zu Barlachs Lebzeiten erschienenen, Dramen und den, postum veröffentlichten, Erstdruck des »Grafen von Ratzeburg« in der Grillen-Presse nachlesbar. Vor allem jedoch werden Barlachs Dramen damit auch in Einzelbänden zum Taschenbuchpreis für alle zugänglich: Voraussetzung für eine dem Werk in Intensität und Umfang angemessene Beschäftigung mit Barlachs Dramen. Eine Aufführungsgeschichte im Sinne kontinuierlicher Beschäftigung mit Barlachs Werk auf der Bühne steht erst noch bevor.

PIPER

PIPER

ErnstBarlach
DRAMEN:
DIE SÜNDFLUT

HERAUSGEGEBEN UND MIT EINEM VORWORT
VON HELMAR HARALD FISCHER

Serie Piper

Band 772

PIPER

Ernst Barlach
Dramen: Der Arme Vetter

Herausgegeben und mit einem Vorwort
von Helmar Harald Fischer

Serie Piper

Band 771

PIPER

Ernst Barlach
Dramen:
Die echten
Sedemunds

HERAUSGEGEBEN UND MIT EINEM VORWORT
VON HELMAR HARALD FISCHER

Serie Piper

Band 774   Erscheint im Oktober 1987

PIPER

ERNST BARLACH
DRAMEN:
DER BLAUE BOLL

HERAUSGEGEBEN UND MIT EINEM VORWORT
VON HELMAR HARALD FISCHER

Serie Piper

Band 775   Erscheint im Januar 1988

PIPER

ERNST BARLACH DRAMEN: DER TOTE TAG

HERAUSGEGEBEN UND MIT EINEM VORWORT
VON HELMAR HARALD FISCHER

Serie Piper

Band 776   Erscheint im Mai 1988

PIPER

Ernst Barlach
Dramen:
Der Findling

HERAUSGEGEBEN UND MIT EINEM VORWORT VON HELMAR HARALD FISCHER

Serie Piper

Band 777 Erscheint im September 1988

PIPER

ERNST BARLACH
DRAMEN:
DER GRAF
VON RATZEBURG

**HERAUSGEGEBEN UND MIT EINEM VORWORT
VON HELMAR HARALD FISCHER**

Serie Piper

Band 778　　　　　　　Erscheint im Oktober 1988